전 과 목

단원평가 총정리

1-1

미래를 준비하는
모든 어린이들의
소중한 꿈과 함께 합니다.

구성과 특징

단원 평가

1 개념 확인

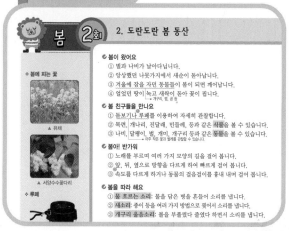

단원에서 꼭 알아야 할 핵심 개념을 한눈에 볼 수 있도록 정리하여 기본을 튼튼하게 다질 수 있습니다.

단원 평가와 마무리 평가로 학교 시험을 완벽하게 대비하세요.

2 단원 확인 평가

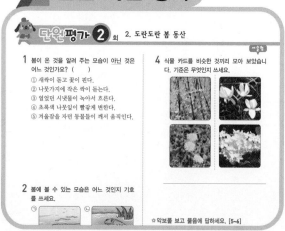

실제 학교 시험에서 꼭 나오는 문제, 잘 틀리는 문제가 무엇인지 알고 익히면서 단원 평가를 완벽하게 대비합니다.

3 플러스 학습

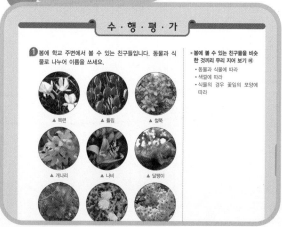

과목별로 다양한 보충·심화 문제를 풀어 시험에 대한 자신감을 높이고 실력을 끌어올립니다.

*국어-국어 활동 확인 / 수학-탐구 수학 활동 / 봄,여름-수행 평가

마무리 평가   부록

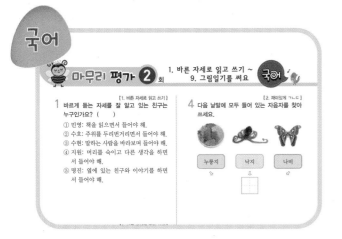

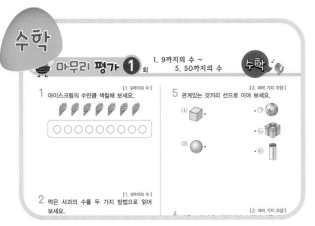

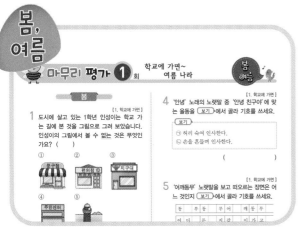

총4회(220 문항)의 마무리 평가를 통해 다양한 유형의 문제를 풀고 익히면 어떠한 시험에도 철저하게 대비할 수 있습니다.

권두 부록 기초 튼튼 익힘북

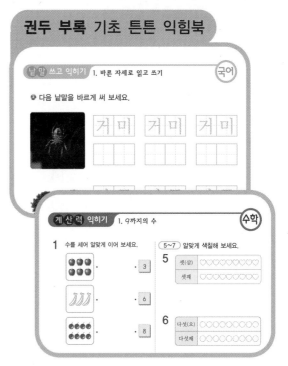

낱말을 익히고 계산력 문제를 풀어 과목 학습의 기초를 튼튼하게 다집니다.

별책 부록 정답과 풀이

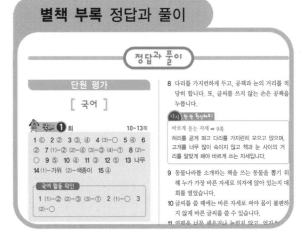

스스로 틀린 문제를 점검하고, '다시 한 번 확인해요!' 를 통해 핵심 개념을 더욱 자세하게 기억할 수 있습니다.

차례 1-1

단원 평가

마무리 평가

출제 예상 문제 분석 국어

단원명	주요 출제 내용	출제 빈도	공부한 날
1. 바른 자세로 읽고 쓰기	• 바르게 듣는 자세 익히기, 바르게 읽는 자세 알아보기	★★★★★	월 일
	• 낱말을 소리 내어 따라 읽기, 바르게 쓰는 자세 익히기	★★★★★	
	• 바른 자세로 낱말을 따라 쓰기, 바른 자세로 선생님과 친구의 이름 쓰기	★★★★	
2. 재미있게 ㄱㄴㄷ ~ 3. 다 함께 아야어여	• 자음자 모양, 이름, 소리 알기	★★★★★	월 일
	• 자음자 쓰는 방법 익히기	★★★★★	
	• 자음자 놀이 하기	★★★	
	• 모음자 모양, 이름 알기	★★★★★	
	• 모음자 찾기, 읽기, 쓰기	★★★★★	
	• 모음자 놀이 하기	★★★	
4. 글자를 만들어요 ~ 5. 다정하게 인사해요	• 글자에서 자음자와 모음자 찾기	★★★★★	월 일
	• 글자에서 모음자가 있는 곳 알기	★★★★	
	• 글자의 짜임 알기, 글자를 읽고 쓰기	★★★★★	
	• 인사한 경험을 떠올려 말하기	★★★	
	• 상황에 맞는 인사말 하기	★★★★★	
	• 바르게 인사하기	★★★★

단원명	주요 출제 내용	출제 빈도	공부한 날
6. 받침이 있는 글자 ~ 7. 생각을 나타내요	• 글자를 정확하게 써야 하는 까닭 알기	★★★★	월 일
	• 받침이 있는 글자의 짜임 알기	★★★★★	
	• 받침이 있는 글자 읽기, 쓰기	★★★★★	
	• 문장에 어울리는 낱말 넣기	★★★★★	
	• 그림을 보고 문장을 만들기	★★★★	
	• 문장으로 말하기, 문장을 쓰고 읽기	★★★★	
8. 소리 내어 또박또박 읽어요 ~ 9. 그림일기를 써요	• 띄어 읽으면 좋은 점 알기	★★★★	월 일
	• 문장 부호 알기, 쓰임 알기	★★★★★	
	• 문장 부호에 맞게 띄어 읽기	★★★★	
	• 하루 동안 기억에 남는 일 말하기	★★★	
	• 그림일기 읽기, 쓰는 방법 알기	★★★★★	
	• 겪은 일을 그림일기로 쓰기	★★★★	

1. 바른 자세로 읽고 쓰기

🖊 바르게 듣는 자세 익히기

① 말하는 사람을 바라보며 듣습니다. ── 말하는 사람에게 집중할 수 있고, 강조하는 내용이 무엇인지 쉽게 살필 수 있고, 말하는 내용을 실감 나게 이해하고 정확하게 알아들을 수 있습니다.
② 두 발을 모아서 바닥에 닿도록 합니다.
③ 엉덩이를 의자 뒤쪽에 붙이고 앉습니다.
④ 허리를 곧게 펴고 앉습니다.
⑤ 턱을 괴거나 다른 친구와 장난치지 않습니다.

🖊 바르게 듣는 자세 확인하기

① 눈: 바르게 앉아서 선생님을 바라보고 있는지 확인해 봅니다.
② 허리와 엉덩이: 허리를 곧게 펴고 엉덩이를 의자 뒤쪽에 붙이고 앉았는지 확인해 봅니다.
③ 발: 두 발을 모아서 바닥에 닿도록 했는지 확인해 봅니다.

선생님 말씀을 바르게 듣지 않으면 중요한 내용을 듣지 못하고 해야 할 일을 못할 수 있습니다.

🖊 바르게 읽는 자세 익히기

① 의자를 당겨서 앉습니다.
② 책과 눈의 거리를 알맞게 해야 합니다.
③ 몸을 앞으로 기울이지 않고 허리를 곧게 폅니다.
④ 고개를 바르게 하고 앉습니다.

🐤 소리 내어 낱말 따라 읽기

① 다른 친구들이 알아들을 수 있도록 읽습니다.

② 입 모양을 생각하며 낱말을 읽습니다.

예 '우리'를 읽을 때 입 모양 살펴보기

	'우'를 읽을 때에는 입술을 둥글게 오므리고 입이 작아집니다.
	'리'를 읽을 때에는 입술이 옆으로 벌어지고 입의 가장자리가 위로 올라갑니다.

🐤 바르게 쓰는 자세 익히기

① 허리를 곧게 펴고 다리를 가지런히 모으고 앉습니다.

② 고개를 너무 많이 숙이지 않습니다.

③ 글씨를 쓰지 않는 손으로 공책을 누릅니다.

🐤 연필을 바르게 잡는 방법

① 연필의 아랫부분을 잡습니다. ──→ 연필심에서 약간 위로 올라간 부분을 잡습니다.

② 엄지손가락과 집게손가락의 모양을 둥글게 하여 연필을 잡습니다.

③ 연필을 너무 세우거나 눕히지 않습니다. 가운뎃손가락으로 연필을 받칩니다. ●

오른손 ▶     ◀ 왼손

🐤 낱말 따라 쓰기

① 글씨 쓰는 바른 자세를 떠올려 봅니다.

② 낱말을 따라 쓸 때에는 연필을 바르게 잡고 적당히 힘을 주어 써 봅니다.

🐤 선생님과 친구의 이름 쓰기

① 낱말을 소리 내어 읽고 따라 써 봅니다.

② 선생님과 친구의 이름을 쓰고 얼굴을 그려 봅니다.

바로바로 체크

1 바르게 듣는 자세로 알맞은 것에 모두 ○표를 하세요.

(1) 두 발을 벌려서 바닥에 닿도록 한다. (   )

(2) 턱을 괴거나 다른 친구와 장난치지 않는다.
(   )

(3) 엉덩이를 의자 뒤쪽에 붙이고 앉는다. (   )

2 바른 자세로 앉기 위해서는 엉덩이를 의자 □□에 붙이고, □□를 곧게 펴고 앉아야 합니다.

3 다음은 어떤 낱말을 소리 내어 읽는 모양인지 알맞은 것에 ○표를 하세요.

입술을 둥글게 오므리고 입이 작아진다.

(1) 우 (   ) (2) 리 (   )

4 연필을 바르게 잡기 위해서는 연필의 어느 부분을 잡아야 하는지 쓰세요.
(   )

● 정답

1. (2) ○ (3) ○   2. 뒤쪽, 허리
3. (1) ○   4. 아랫부분

단원평가 1 회   1. 바른 자세로 읽고 쓰기

1 ❼번 친구가 고칠 점을 찾아 기호를 쓰세요.

> ㉠ 눈을 감고 들어야 한다.
> ㉡ 친구와 이야기를 하면서 들어야 한다.
> ㉢ 말하는 사람을 바라보며 들어야 한다.

(   )

⭐중요⭐

2 듣는 자세에 대하여 바르게 말하지 않은 친구는 누구인가요? (   )

① 지영: 허리를 곧게 펴야 해.
② 민수: 다리를 꼬고 앉아야 해.
③ 선희: 의자를 당겨서 앉아야 해.
④ 수진: 손과 발은 가지런하게 두어야 해.
⑤ 영민: 말하는 사람을 바라보며 들어야 해.

3 선생님 말씀을 바르게 듣지 않으면 어떤 일이 생길지 두 가지 고르세요. (,   )

① 잠을 많이 잘 수 없다.
② 책을 많이 읽을 수 없다.
③ 해야 할 일을 할 수 없다.
④ 중요한 내용을 듣지 못한다.
⑤ 친구와 친하게 지낼 수 없다.

⭐중요⭐

4 다음 그림 가운데 바르게 읽는 자세를 찾아 ○표를 하세요.

(1)   (2)

(   )   (   )

(3)   (4)

(   )   (   )

5 그림을 보고 누가 나오는지 살펴보세요. 다음 빈칸에 들어갈 알맞은 낱말은 어느 것인가요? (   )

나
너
우리
□
선생님

① 엄마   ② 아빠
③ 삼촌   ④ 친구
⑤ 할머니

국어

6~7

아버지
어머니
아기
나
우리 ▢

6 빈칸에 들어갈 알맞은 낱말은 어느 것인가요? (　　)

① 친구 　　② 가족 　　③ 학교
④ 학원 　　⑤ 유치원

7 그림에 알맞은 글자를 선으로 이으세요.

(1) ・　　・① 아기

(2) ・　　・② 아버지

(3) ・　　・③ 나

(4)  ・　　・④ 어머니

8 쓰는 자세가 바른 친구를 찾아 ○표를 하세요.

(1)　　　　　　　(2)

(　　　　)　　(　　　　)

(3)　　　　　　　(4)

(　　　　)　　(　　　　)

9~10

　염소는 고개를 너무 많이 숙였어요. 사슴은 의자 앞쪽에 걸터앉았어요. 기린은 허리를 둥글게 굽히고 앉았어요. 호랑이는 다리를 꼬고 앉았어요. 원숭이는 두 발이 바닥에 나란히 닿도록 하고 엉덩이를 의자 뒤쪽에 붙이고 고개를 약간 숙이고 앉았어요.

9 다리를 꼬고 앉은 동물은 누구인가요?

(　　　　)

① 염소 　　② 사슴 　　③ 기린
④ 원숭이 　　⑤ 호랑이

10 이야기 속 동물 가운데에서 자세가 바른 동물은 누구인가요? (　　)

① 염소 　　② 사슴 　　③ 기린
④ 원숭이 　　⑤ 호랑이

잘 틀려요

11 다음 중 연필을 바르게 잡은 것은 어느 것인가요? (　　)

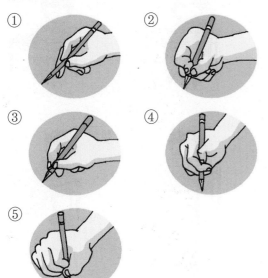

① ② ③ ④ ⑤

12~13

12 그림을 보고 떠오르는 낱말로 알맞지 <u>않은</u> 것은 어느 것인가요? (　　)

① 나무　　② 거미　　③ 나비
④ 참새　　⑤ 바다

13 그림 ㉠에 맞는 낱말을 따라 쓰세요.

14 물건의 이름을 보기 에서 찾아 바르게 쓰세요.

보기

연필, 가위, 지우개, 색종이

(1)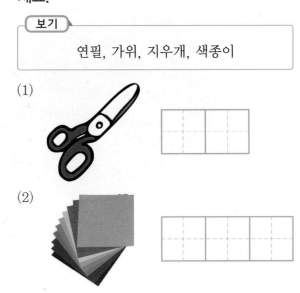

(2)

중요ㅁ

15 그림과 낱말이 바르게 짝지어진 것은 어느 것인가요? (　　)

① 어우　　② 하무

③ 토키　　④ 나비

⑤ 타초

1 그림과 낱말을 알맞게 선으로 이어 보세요.

(1)  •

(2)  •

(3)  •

• ① 다리

• ② 기차

• ③ 바다

■ **낱말을 소리 내어 읽기**
• 낱말을 소리 내어 읽어 봅니다.
• 낱말을 읽을 때에는 바른 자세로 읽습니다.
• 글자와 사진(그림)을 함께 보면서 낱말을 읽어 봅니다.

2 글자를 읽어 보세요. 그리고 바른 자세를 찾아 ○표를 해 보세요.

연필	가위	지우개	색종이

(1)    (2)

■ **글자를 바르게 읽는 방법**
• 허리를 펴고 책을 바르게 들며 책과 눈의 거리를 알맞게 한 자세로 읽습니다.
• 알맞은 목소리와 정확한 발음으로 따라 읽습니다.

3 글자를 따라 쓸 때 연필을 잡는 바른 자세를 찾아 ○표를 해 보세요.

(1)    (2)    (3)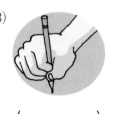

(   )   (   )   (   )

■ **낱말 따라 쓰기**
• 바른 자세로 글씨를 따라 써 봅니다.
• 글씨를 쓸 때에는 연필의 가운데보다 약간 아래쪽을 잡고, 연필이 너무 눕거나 서지 않게 잡은 뒤에 힘을 적당히 주어 글씨를 써 봅니다.

국어

2. 재미있게 ㄱㄴㄷ

✎ 자음자의 이름과 쓰는 순서 → 닿소리. 기본 14자로 이루어졌으며 첫소리와 끝소리로 쓰입니다.

기역	니은	디귿	리을	미음	비읍	시옷
ㄱ	ㄴ	ㄷ	ㄹ	ㅁ	ㅂ	ㅅ

이응	지읒	치읓	키읔	티읕	피읖	히읗
ㅇ	ㅈ	ㅊ	ㅋ	ㅌ	ㅍ	ㅎ

✎ 자음자의 이름 알기

① 자음자 이름 말하기 놀이를 해 봅니다.
② 자음자 찾기 놀이를 해 봅니다.
③ 손으로 자음자 만들기 놀이를 해 봅니다.
(예) 손으로 자음자 모양 만들기, 몸으로 자음자 모양 만들기

▲ 〈ㄷ-디귿〉　　▲ 〈ㄹ-리을〉　　▲ 〈ㄱ-기역〉　　▲ 〈ㄴ-니은〉

✎ 자음자의 소리 알기

① 채소나 과일 등의 이름에 나오는 자음자를 찾아봅니다.
② 첫 자음자의 소리를 생각하며 채소나 과일 등의 이름을 소리 내어 말해 봅니다.
③ 첫 자음자 소리를 생각하며 채소나 과일 등의 이름을 읽어 봅니다.

✎ 자음 놀이 하기

① 자음자 귓속말하기 놀이를 해 봅니다.
② 자신이 들은 자음자를 써 봅니다.
③ 선생님이 보여 준 자음자를 써 봅니다.

3. 다 함께 아야어여

🍀 모음자의 이름과 쓰는 순서 → 홀소리. 기본 10자로 이루어졌으며 가운뎃소리로 쓰입니다.

아	야	어	여	오	요	우	유	으	이
ㅏ	ㅑ	ㅓ	ㅕ	ㅗ	ㅛ	ㅜ	ㅠ	ㅡ	ㅣ

🍀 모음자의 모양 알기 – 모음자 구조 이해하기

① 모음자는 <u>긴 세로선(ㅣ)이나 가로선(ㅡ)이 짧은 선을 만나</u> 이루어집니다.

② 세로선(ㅣ)을 기본으로 하여 만들 수 있는 모음자에는 어떤 것이 있는지 생각해 봅니다.

• 세로선(ㅣ)은 모음자 'ㅣ'와 같습니다.

• 세로선(ㅣ)이 짧은 선을 만나 'ㅏ'가 됩니다.• → 'ㅏ'는 먼저 위에서 아래로 길게 긋고 가운데에서 오른쪽으로 긋습니다.

• 짧은 선이 세로선(ㅣ)과 만나 'ㅓ'가 됩니다.

③ 가로선(ㅡ)을 기본으로 하여 만들 수 있는 모음자에는 어떤 것이 있는지 생각해 봅니다.

• 가로선(ㅡ)은 모음자 'ㅡ'와 같습니다.

• 짧은 선과 가로선(ㅡ)이 만나 'ㅗ'가 됩니다.

• 가로선(ㅡ)과 짧은 선이 만나 'ㅜ'가 됩니다.

🍀 모음자의 이름 알기

① 여러 가지 방법으로 모음자 이름을 익혀 봅니다.

② 모음자 이름 부르기를 해 봅니다.

• 「원숭이」 노래에 맞추어 모음자 이름을 불러 봅니다.

③ 모음자 이름 부르며 몸으로 모음자 모양을 만들어 봅니다.

• 모음자 'ㅏ'는 반듯하게 서서 왼쪽 팔을 들면 됩니다.

• 모음자 'ㅣ'는 반듯하게 일어서면 됩니다.

🍀 모음자 놀이 하기

🔵예 모음자 변화에 따른 느낌의 변화 알아보기

• 모음자가 변하면서 달라지는 느낌: <u>'ㅗ'가 들어가면 귀여운 느낌</u>이지만, <u>'ㅜ'가 들어가면 무거운 느낌</u>이 듭니다.

• 모음자가 변하면서 느낌이 달라지는 말: 졸졸졸 – 줄줄줄, 소곤소곤 – 수군수군, 종알종알 – 중얼중얼, 아장아장 – 어정어정 등

국어

1 자음자의 이름으로 알맞지 않은 것에 ○표를 하세요.

(1) ㄱ: 기역 (   )

(2) ㄴ: 니은 (   )

(3) ㅅ: 시옷 (   )

(4) ㅋ: 키역 (   )

2 다음 낱말에 공통으로 들어간 자음자는 무엇인지 쓰세요.

고양이	그네	곰

(   )

3 다음 친구가 몸으로 만든 모음자는 무엇일지 쓰세요.

(1)

(   )

(2)

(   )

4 'ㅏ, ㅑ, ㅓ, ㅕ, ㅗ, ㅛ, ㅜ, ㅠ, ㅡ, ㅣ' 등을 ☐☐ ☐라고 합니다.

▶ 정답

1. (4) ○   2. ㄱ   3. (1) ㅏ (2) ㅣ   4. 모음자

2. 재미있게 ㄱㄴㄷ

1~2

1 그림을 보고 찾을 수 <u>없는</u> 자음자는 어느 것인가요? (   )

① ㄱ   ② ㄴ   ③ ㄷ
④ ㅊ   ⑤ ㅍ

중요

2 ㉠의 자음자 이름으로 알맞은 것은 어느 것 인가요? (   )

① 기역   ② 기윽   ③ 니은
④ 키읔   ⑤ 키역

중요

3 다음 그림에 나타난 자음자의 모양을 모두 찾아 색칠하세요.

4 몸으로 자음자 모양을 만들었습니다. 알맞 은 것끼리 선으로 이으세요.

(1)   •   • ㉠

(2)   •   • ㉡

(3)   •   • ㉢

잘 틀려요

5 자음자를 쓰는 순서가 바르지 <u>않은</u> 것은 어 느 것인가요? (   )

①   ② ③

④ ⑤

6 첫 자음자의 소리가 같은 것끼리 짝지어진 낱말은 어느 것인가요? (   )

① 자두 - 포도

② 사과 - 앵두

③ 토마토 - 콩

④ 레몬 - 도토리

⑤ 포도 - 파인애플

중요

7 다음 빈 곳에 알맞은 자음자를 쓰세요.

(1) ㅗㅏ   (2) ㅓㅗㅣ

(3) ㅏㅣ   (4) ㅣㅏ

3. 다 함께 아야어여

8 모음자가 <u>아닌</u> 것은 어느 것인가요?
(   )

① ㅑ   ② ㅕ   ③ ㅇ
④ ㅠ   ⑤ ㅣ

9 오른쪽 그림은 몸으로 어떤 모음자를 만든 것인가요?
(   )

① ㅏ   ② ㅣ
③ ㅜ   ④ ㅛ
⑤ ㅓ

잘 틀려요

10 모음자를 쓰는 순서로 알맞은 것에 ○표 하세요.

(1)   (2)   (3)

(   )   (   )   (   )

잘 틀려요

11 다음 그림 속 글에 나타나 있지 <u>않은</u> 모음자는 어느 것인가요? (   )

① ㅏ   ② ㅓ
③ ㅕ   ④ ㅜ
⑤ ㅣ

12 ㉠, ㉡에 대한 설명으로 알맞지 <u>않은</u> 것은 어느 것인가요? (   )

① ㉠, ㉡의 모음자가 다르다.
② ㉠에서 모음자는 'ㅓ'이다.
③ ㉠은 어른이 웃는 웃음소리 같다.
④ 모음자에 따라 웃음소리와 그 느낌이 달라진다.
⑤ ㉡에서 모음자를 'ㅗ'로 바꾸면 '후후후'가 된다.

중요

13 빈칸에 들어갈 모음자를 [보기]에서 찾아 쓰세요.

보기

ㅏ, ㅓ, ㅗ, ㅜ, ㅣ

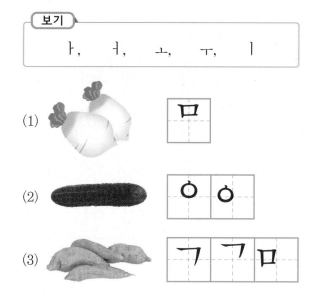

중요

14 같은 모음자가 들어 있는 낱말끼리 짝지어진 것은 어느 것인가요?? (   )

① 포도 – 파   ② 가위 – 거미
③ 우유 – 바다   ④ 가지 – 고구마
⑤ 하마 – 바나나

15 같은 모음자끼리 같은 색으로 칠하고, 어떤 동물이 되었는지 빈칸에 알맞게 쓰세요.

국·어·활·동·확·인

1 ☐ 안의 자음자가 들어간 글자를 찾아 ○표를 해 보세요.

(1) **ㄱ** 기역 　　이모　　나무　　기차　　고모　　버스

(2) **ㄹ** 리을 　　자루　　나라　　구이　　비누　　노루

(3) **ㅌ** 티읕 　　낙타　　자리　　하마　　토끼　　사탕

- 자음자 쓰는 방법
- 자음자의 이름을 부르면서 순서대로 씁니다.
- 허공에 대고 손가락으로 써 봅니다.
- 선생님이 칠판에 쓰는 것을 보고 눈으로 따라가며 허공에 함께 씁니다.
- 책이나 공책에 연습합니다.

2 다음 모음자와 같은 모음자를 [보기]의 책 제목에서 찾아 개수를 써 보세요.

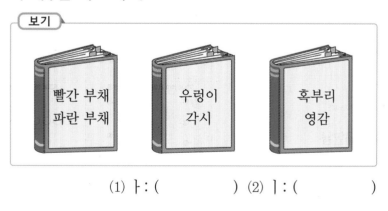

[보기]

빨간 부채
파란 부채

우렁이
각시

혹부리
영감

(1) ㅏ : (　　　　　) (2) ㅣ : (　　　　　)

- 같은 모음자 찾기 놀이 하기
- 같은 모음자 찾기 놀이를 해 봅니다.
- 선생님이 모음자 카드 한 장을 고르고, 여러분은 낱말 카드 한 장을 골라 봅니다.
- '하나, 둘, 셋' 하면 자신이 고른 낱말 카드를 내려놓으며 낱말을 외쳐 봅니다.
- 여러분이 고른 낱말 카드에 선생님이 고른 모음자 카드의 모음자가 쓰였는지 확인해 봅니다.
- 선생님과 마음이 몇 번이나 통했는지 세어 봅니다.

3 글자에서 잘못 쓴 모음자를 찾아 ○표를 하고 알맞은 낱말을 써 보세요.

(1) 어지

(2) 쥬서

4. 글자를 만들어요

❖ **글자를 만드는 방법 이해하기**
• 자음자 'ㅍ'과 'ㅁ'이 만나면 글자가 만들어지지 않습니다.
• 모음자 'ㅏ'와 'ㅜ'가 만나면 글자가 만들어지지 않습니다.
• 자음자와 모음자가 만나야 글자가 만들어집니다.

❖ **여러 가지 모음자 알기**

모음자	이름	쓰는 순서
ㅐ	애	
ㅔ	에	
ㅚ	외	
ㅟ	위	
ㅘ	와	
ㅝ	워	
ㅙ	왜	

❖ **어른께 인사하는 바른 자세**
• 다리와 두 손을 모으고 바르게 섭니다.
• 상대방을 향해 허리와 고개를 알맞게 숙여 공손한 자세로 인사합니다.

🔖 **낱말 풀이**

❶ **짜임** 조직이나 구성.
❷ **결합** 둘 이상이 관계를 맺어 하나가 됨.

📝 **글자에서 모음자가 있는 곳 알기**
① 자음자의 오른쪽에 있습니다.
예) '아', '야', '어', '여', '이'
② 자음자의 아래쪽에 있습니다.
예) '오', '요', '우', '유', '으'

📝 **글자의 ❶짜임 알기**
┌─• 자음자와 모음자가 모여 한 낱말이 됩니다.
① 글자는 자음자와 모음자로 이루어져 있습니다.
② 자음자와 모음자를 ❷결합한 글자를 만듭니다.
• 자음자와 모음자가 옆으로 만나 글자가 됩니다. →예) 파 → ㅍ ㅏ
• 자음자와 모음자가 위와 아래로 만나 글자가 됩니다. →예) 무 → ㅁ ㅜ

📝 **글자를 읽고 쓰기**

	ㅏ	ㅑ	ㅓ	ㅕ	ㅗ	ㅛ	ㅜ	ㅠ	ㅡ	ㅣ
ㄱ	가	갸	거	겨	고	교	구	규	그	기
ㄴ	나	냐	너	녀	노	뇨	누	뉴	느	니
ㄷ	다	댜	더	뎌	도	됴	두	듀	드	디
ㄹ	라	랴	러	려	로	료	루	류	르	리
ㅁ	마	먀	머	며	모	묘	무	뮤	므	미
ㅂ	바	뱌	버	벼	보	뵤	부	뷰	브	비
ㅅ	사	샤	서	셔	소	쇼	수	슈	스	시
ㅇ	아	야	어	여	오	요	우	유	으	이
ㅈ	자	쟈	저	져	조	죠	주	쥬	즈	지
ㅊ	차	챠	처	쳐	초	쵸	추	츄	츠	치
ㅋ	카	캬	커	켜	코	쿄	쿠	큐	크	키
ㅌ	타	탸	터	텨	토	툐	투	튜	트	티
ㅍ	파	퍄	퍼	펴	포	표	푸	퓨	프	피
ㅎ	하	햐	허	혀	호	효	후	휴	흐	히

① '머리'의 '머'는 'ㅁ'과 'ㅓ'가, '리'는 'ㄹ'과 'ㅣ'가 만나 이루어진 글자입니다.
② '이마'의 '이'는 'ㅇ'과 'ㅣ'가, '마'는 'ㅁ'과 'ㅏ'가 만나 이루어진 글자입니다.
③ '코'는 'ㅋ'와 'ㅗ'가 만나 이루어진 글자입니다.

5. 다정하게 인사해요

🐌 인사한 경험 떠올려 말하기
> 예 • 아침에 일어나서 부모님께 인사했습니다.
>
> • 학교 가는 길에 친구를 만날 때 인사했습니다.

🐌 인사할 때의 마음가짐 알기
① 마음을 담아 공손하게 합니다.
② 예의 바르게 합니다.

🐌 인사를 주고받으면 좋은 점 → 인사말은 상대에게 예의를 나타내기 위해 하는 말이기 때문에 바른 마음가짐으로 인사를 해야 합니다.
① 칭찬을 받습니다.
② 서로 기분이 좋아집니다.
③ 상대도 나에게 바르게 인사를 해 줍니다.

🐌 알맞은 인사말 알기
① 부모님께 선물을 받았을 때 감사하다는 인사를 합니다.
② 친구의 발을 밟았을 때는 미안하다고 인사합니다.
③ 할아버지 생신에는 축하 인사를 합니다.
④ 친구가 전학 왔을 때 반갑다고 인사합니다.
⑤ 친구가 다쳤을 때 빨리 나으라고 인사합니다.

🐌 상황에 알맞은 인사말 예

축하할 때	축하드려요. / 정말 축하해.
헤어질 때	안녕, 내일 보자.
이웃집 어른을 만났을 때	안녕하세요?
바깥에 나갈 때	다녀오겠습니다.
고마운 마음을 나타낼 때	고맙습니다. / 고마워.
아픈 친구를 만났을 때	많이 아프지? / 빨리 나아서 함께 놀자.

→ 인사를 하는 상황과 상대가 누구인지 생각하면서 인사하도록 합니다.

---

1 글자는 ☐☐☐와 ☐☐☐로 이루어져 있습니다.

2 '우리'를 모음자와 자음자로 나누어 쓰세요.
　(1) 자음자: (　　　　　)
　(2) 모음자: (　　　　　)

3 다음 내용을 읽고 (　) 안의 알맞은 말에 ○표를 하세요.

> 인사를 할 때에는 마음을 담아 (공손, 어색)하게 합니다.

4 다음과 같이 친구가 상을 받았을 때 할 수 있는 인사말을 쓰세요.

(　　　　　　　)

▶ 정답
1. 자음자, 모음자　2. (1) ㅇ, ㄹ (2) ㅜ, ㅣ　3. 공손　4. 예 친구야, 축하해.

국어

국어 **21**

4. 글자를 만들어요

1~2

1 나무에 있는 자음자와 모음자가 만나 만들 수 있는 글자로 알맞지 <u>않은</u> 것은 어느 것인가요? (   )

① 자두　　② 고추　　③ 포도
④ 참외　　⑤ 가지

잘 틀려요

2 나무에 있는 자음자와 모음자를 이용하여 모음자가 오른쪽에 있는 낱말을 두 가지 쓰세요.

(　　　　　　　　)

중요

3 보기 의 글자를 이용하여 그림에 알맞은 낱말을 쓰세요.

보기

| ㅅ | ㅊ | ㅗ | ㅏ |

(1) 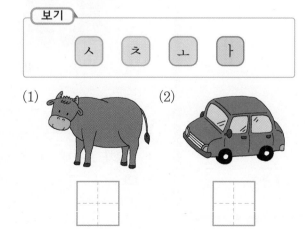　　(2)

4~6

	ㅏ	ㅓ	ㅗ	ㅜ	ㅡ	ㅣ
ㄱ	가	거	고	구	그	기
ㄴ	나	너	노	누	느	니
ㄷ	다	더	도	두	드	디
ㄹ	라	러	로	루	르	리
ㅁ	마	머	모	무	㉠	미
ㅂ	바	버	보	부	브	비
ㅅ	사	서	소	수	스	시
ㅇ	아	어	오	우	으	이
ㅈ	자	저	조	주	즈	지

4 ㉠에 들어갈 글자는 무엇인지 쓰세요.

(　　　　　　　　)

중요

5 다음 그림에 알맞은 몸의 각 부분의 이름을 표에서 찾아 쓰세요.

(1)

(2)

6 빈칸에 알맞은 글자를 표에서 찾아 쓰세요.

(1)

고		마
	두	

(2)
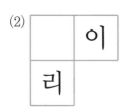

	이
리	

(3)
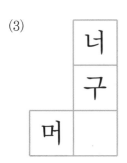

너
구
머

7 모음자와 그 이름을 알맞게 선으로 이으세요.

(1) ㅐ •   • ㉠ 외

(2) ㅚ •   • ㉡ 애

(3) ㅘ •   • ㉢ 왜

(4) ㅝ •   • ㉣ 와

(5) ㅙ •   • ㉤ 워

---

5. 다정하게 인사해요

8~9

우리 서로 학굣길에 만나면 만나면
웃는 얼굴 하고 인사 나눕시다 얘들아 안녕

하루 공부 마치고서 집으로 갈 때도
헤어지기 전에 인사 나눕시다 얘들아 안녕

8 인사를 한 때는 언제인지 모두 고르세요.

(,)

① 집으로 갈 때
② 밥을 먹을 때
③ 학굣길에 만날 때
④ 쉬는 시간이 되었을 때
⑤ 학교 수업을 시작할 때

9 어떤 인사말을 했는지 찾아 쓰세요.

( )

중요

10 인사를 주고받으면 좋은 점으로 알맞지 않은 것은 어느 것인가요? ( )

① 기분이 좋아진다.
② 칭찬을 받을 수 있다.
③ 공부를 잘할 수 있다.
④ 서로 더 가까운 사이가 될 수 있다.
⑤ 상대도 나에게 바르게 인사를 해 준다.

⭐중요⭐

11 다음 그림과 같이 밥을 다 먹은 뒤에 할 수 있는 인사말은 무엇인가요? (   )

많이 먹었니?

① 맛이 없잖아!
② 잘 먹었습니다.
③ 잘 먹겠습니다.
④ 안녕히 계세요.
⑤ 더 먹지 않을 거야.

잘 틀려요

12 다음과 같이 "안녕히 계세요."라고 인사해야 할 경우는 언제인가요? (   )

조심해서 가라.

안녕히 계세요.

① 급식을 받을 때
② 친구와 헤어질 때
③ 학교를 마치고 집으로 돌아갈 때
④ 운동을 잘하는 친구를 칭찬할 때
⑤ 친구가 다친 나를 도와주었을 때

13 다음과 같은 인사말을 들었을 때 표정으로 알맞은 것에 ◯표를 하세요.

상 받은 거 정말 축하해.

(1)   (2)   (3)

(   )   (   )   (   )

14 상황과 알맞은 인사말을 찾아 선으로 이으세요.

(1) 축하할 때 •   • ① 축하해.

(2) 고마운 마음을 나타낼 때 •   • ② 고맙습니다.

(3) 바깥에 나갈 때 •   • ③ 안녕, 내일 보자.

(4) 헤어질 때 •   • ④ 다녀오겠습니다.

서술형

15 오른쪽 그림과 같이 자리를 양보받았을 때 알맞은 인사말을 쓰세요.

_____

_____

1 모음자가 있는 곳을 바르게 말한 것을 찾아 ○표를 해 보세요.

(1) 자라

(2) 고모

자음자의 오른쪽에 있어요.	자음자의 아래쪽에 있어요.

자음자의 오른쪽에 있어요.	자음자의 아래쪽에 있어요.

■ 글자에서 자음자와 모음자 찾기

• 글자를 보고 어떤 자음자와 모음자가 들어 있는지 이야기해 봅니다.
• 글자를 보고 글자의 짜임을 살펴봅니다.
• 글자를 자음자와 모음자로 나누어 봅니다.

2 모음자가 같은 곳에 있는 낱말을 찾아 선으로 이어 보세요.

(1) 가마 •

(2) 구두 •

• ① 두부

• ② 바다

3 사진을 보고 자음자와 모음자로 글자를 만들어 보세요.

■ 낱자 카드를 활용해 글자 만들기

• 자음자 카드와 모음자 카드를 나누어 가진 후 자음자와 모음자를 뽑아 글자를 만들어 봅니다.
• 만든 글자를 써 봅니다.
• 자음자와 모음자를 결합해 한 글자를 만들어 봅니다.

4 보기 에서 바른 인사말을 찾아 번호를 쓰세요.

보기
① 저리 가.
② 안녕하세요?
③ 안녕히 가세요.
④ 다녀오겠습니다.
⑤ 고맙기는 뭐가?
⑥ 안녕히 계시지 마세요.

(   )

■ 상황에 알맞은 인사말

• 고마운 마음을 나타낼 때: 고맙습니다. / 고마워.
• 잘못을 용서받고 싶을 때: 미안해. 조심할게.
• 친구와 헤어질 때: 안녕. 내일 보자.

6. 받침이 있는 글자

> ❶ 글자의 아래쪽에 있는 자음자를 '받침'이라고 합니다.

✏️ 글자를 정확하게 써야 하는 까닭 알기
① 하고 싶은 말을 정확하게 전달할 수 있습니다.
② 필요한 물건이 무엇인지 잘 전할 수 있습니다.
③ 자신의 마음을 잘 전할 수 있습니다.

✏️ 받침이 있는 글자의 짜임 알기
① 받침이 있는 글자는 '자음자+모음자+자음자'의 짜임으로 이루 어집니다.
② 마지막 자음은 '받침'으로, 글자의 아래쪽에 씁니다.

가	나	다	라	마	바	사	아	자	차	카

⇩ 'ㅇ' 넣기

강	낭	당	랑	망	방	상	앙	장	창	캉

⇩ 'ㄹ' 넣기

갈	날	달	랄	말	발	살	알	잘	찰	칼

⇨ 받침이 없는 글자에 자음자 'ㅇ'과 'ㄹ'을 붙여 받침이 있는 글 자를 만들었습니다.
③ 받침에는 여러 가지 자음자를 사용할 수 있습니다.

예 받침을 넣어 새로운 글자 만들기
• 그림을 보고 그림에 어울리는 낱말을 찾아봅니다.
• 글자와 그림을 보고 받침을 넣어 글자를 만들어 봅니다.

코 ➡ 콩	무 ➡ 문	바 ➡ 밤

✏️ 「구름 놀이」에서 받침이 있는 글자 찾아 읽기
① 받침이 'ㄱ'인 낱말: 덕, 짝, 먹
② 받침이 'ㄴ'인 낱말: 쁜, 언, 만, 면, 안, 얀, 혼, 천, 은
③ 이 밖에도 '깡충깡충, 폴짝폴짝, 어슬렁어슬렁, 어흥' 등의 낱말 이 나타나 있습니다.

❖ 글자의 받침 알아보기
• '숲'은 '수'에 'ㅍ'을 붙 여서 만들었습니다.
• '집'은 '지'에 'ㅂ'을 붙 여서 만들었습니다.
• '돌'은 '도'에 'ㄹ'을 붙 여서 만들었습니다.

❖ 받침이 있는 글자 쓰기
자음자와 모음자를 쓴 다음 에 받침의 자음자를 씁니다.

❖ 그림을 보고 일어난 일을 상상하여 문장 만들기

누가	○○하다
훈장님이	아이를 꾸중하십 니다.
아이가	울고 있습니다.

낱말 풀이
❶ **까닭** 일이 생기게 된 원인.
❷ **문장** 생각이나 감정을 말과 글로 표현할 때 완성된 내용 을 나타내는 최소 단위.

7. 생각을 나타내요

문장에 어울리는 낱말 넣기
① 그림이 알맞은 낱말을 써 봅니다.
② 낱말을 넣어 문장을 완성해 봅니다.

그림을 보고 문장 만들기
① 그림을 보고 누가 무엇을 했는지 알아봅니다.
② 누구에게 어떤 일이 일어났는지 자세히 살펴봅니다.
③ 그림에 어울리는 문장을 만듭니다.
④ 문장을 쓰고 소리 내어 읽어 봅니다.
⑤ 틀린 맞춤법은 없는지 확인합니다.
> ── 어떤 문자로써 한 언어를 표기하는 규칙입니다.

> 그림의 내용을 문장으로 말할 때에는 주요 인물의 모습과 행동을 말하고, 배경 그림에 나오는 것을 살펴보고 말해야 합니다.

문장을 쓰고 읽기
① 시의 내용을 파악해 봅니다.
② 생각한 것을 문장으로 써 봅니다.
③ 소리 내어 문장을 읽어 봅니다.

문장을 소리 내어 읽기
① 글의 제목을 보고 이야기의 내용을 짐작해 봅니다.
② 글을 중심으로 소리를 내지 않고 읽어 봅니다.
③ 글과 그림의 뜻을 생각하며 소리 내어 읽어 봅니다.

「달팽이 기르기」를 읽고 이야기의 느낌 나누기
① '나'는 어떤 아이일까요?: '나'는 자연을 좋아하는 아이입니다.
② 이야기를 읽고 어떤 생각이 들었나요?: 예 나도 달팽이를 길러 보고 싶습니다.
③ 만약 자신이 동물을 기른다면?: 예 개미, 메뚜기, 무당벌레 등을 길러 보고 싶습니다.

바로바로 체크

1 받침이 있는 글자는 □ □□ 와 □□□, □□□의 짜임으로 이루어집니다.

2 '파'에 받침을 넣어 만들 수 있는 글자는 무엇이 있는지 세 가지 이상 쓰세요.
( )

3 그림에 알맞은 문장을 말할 때 생각해야 하는 것에 모두 ○표를 하세요.
(1) 누가 무엇을 하였나요?
( )
(2) 어떤 일이 일어나고 있나요?
( )
(3) 자음자는 모두 몇 개인가요?
( )

4 다음 그림을 문장으로 나타내려고 합니다. 빈칸에 알맞은 말을 쓰세요.

원숭이가 _____

정답
1. 자음자, 모음자, 자음자 2. 예 팔, 팡, 팥 3. (1) ○ (2) ○ 4. 예 그네를 탑니다.

6. 받침이 있는 글자

1 토끼가 말한 준비물은 무엇무엇인지 쓰세요.

(   )

2 다람쥐가 잘못한 점은 무엇인가요? (   )

① 곰 아저씨께 화를 냈다.

② 글자를 정확하게 쓰지 않았다.

③ 선생님께 전화를 하지 않았다.

④ 곰 아저씨께 높임말을 쓰지 않았다.

⑤ 토끼에게 준비물을 빌리고 돌려주지 않았다.

잘 틀려요

3 곰 아저씨께서 쪽지를 읽고 난 뒤에 다람쥐에게 일어날 일로 알맞은 것은 어느 것인가요? (   )

① 토끼와 웃으면서 놀고 있을 것이다.

② 곰 아저씨께 칭찬을 받았을 것이다.

③ 토끼에게 준비물을 주러 갔을 것이다.

④ 필요한 준비물을 사서 집에 갔을 것이다.

⑤ 필요한 준비물을 사지 못하고 다시 집으로 갔을 것이다.

4 다음 빈칸에 [보기]에 있는 자음자를 넣어 받침이 있는 글자를 만드세요.

보기

ㄱ   ㄴ   ㄹ   ㅇ

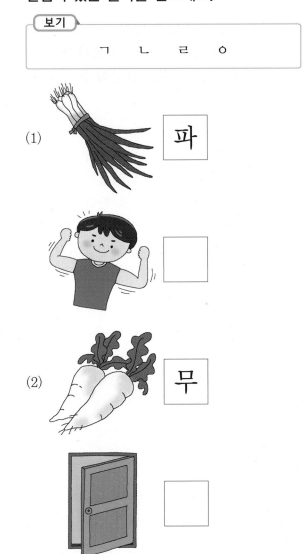

(1) 파

(2) 무

중요

5 글자의 짜임을 생각하며 다음 빈칸에 각각 알맞은 글자를 쓰세요.

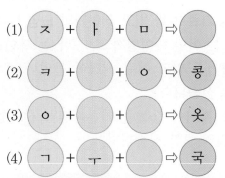

(1) ㅈ + ㅏ + ㅁ ⇨ (   )

(2) ㅋ + (   ) + ㅇ ⇨ 콩

(3) ㅇ + (   ) + (   ) ⇨ 옷

(4) ㄱ + ㅜ + (   ) ⇨ 국

6 빨간색으로 쓰인 글자를 바르게 고친 것으로 알맞지 <u>않은</u> 것은 무엇인가요? ( )

① 른자 ⇨ 륵자

② 문이 ⇨ 곰이

③ 책릉 ⇨ 책을

④ 곰을 ⇨ 문을

⑤ 동론 ⇨ 동굴

7 곰이 무엇을 하려고 하는지 빨간색으로 쓰인 글자를 바르게 고쳐 문장을 완성하세요.

곰릉 열고 동룸원릉 나가려고 합니다.

_____

8 다음 글자의 받침은 어떤 자음자로 소리 나는지 찾아 선으로 이으세요.

(1) 옷 •   • ㉠ ㄷ

(2) 숲 •   • ㉡ ㅂ

7. 생각을 나타내요

9 그림을 보고 어울리는 문장을 골라 ○표를 하세요.

(1) 나무꾼이 사슴을 쫓아서 뛰어갑니다.
( )

(2) 나무꾼이 도끼를 가지고 달려갑니다.
( )

(3) 나무꾼이 선녀의 옷을 가지고 도망칩니다.
( )

10 그림을 보고 보기 에서 알맞은 낱말을 골라 문장을 쓰세요.

보기

흔듭니다. 씁니다. 탑니다.

(1) 아버지는 모자를 ⬜⬜⬜⬜⬜

(2) 나는 자전거를 ⬜⬜⬜⬜⬜

(3) 어머니는 웃으며 손을
⬜⬜⬜⬜⬜⬜⬜

11~13

11 어디에서 일어난 일을 나타낸 것인지 쓰세요.

( )

12 그림에 나와 있지 <u>않은</u> 인물은 누구인가요?

( )

① 토끼　　　② 자라
③ 용왕　　　④ 여우
⑤ 문어

13 그림에 어울리는 문장으로 알맞지 <u>않은</u> 것은 어느 것인가요? ( )

① 문어는 창을 들고 있습니다.
② 용왕이 의자에 앉아 있습니다.
③ 토끼가 음식을 먹고 있습니다.
④ 토끼가 밧줄에 묶여 있습니다.
⑤ 자라는 고개를 숙이고 있습니다.

14~15

"아빠, 이게 뭐에요?"
"이건 달팽이란다."
"아주 신기하게 생겼어요."
아빠와 나는 달팽이를 한참 살펴보았어요.
"달팽이를 길러 보았으면 좋겠어요."
다음 날, 아빠가 집에서 기르는 달팽이를 구해 오셨어요.
"아빠, 달팽이가 꼼짝도 안 해요. 작은 돌멩이 같아요."
"달팽이는 놀라면 껍데기 속으로 숨는단다. 얼른 달팽이 집을 만들어 주어야겠어."
아빠는 플라스틱 통으로 달팽이 집을 만들어 주셨어요.
나는 달팽이와 풀을 달팽이 집 속에 넣었어요.
달팽이가 움직이기 시작했어요.

14 달팽이가 작은 돌멩이 같다고 한 까닭은 무엇인지 쓰세요.

_____

15 그림을 보고 이야기의 흐름에 맞게 순서대로 번호를 쓰세요.

(1)　　　　(2)　　　　(3)

( )　( )　( )

① 세 글자 모두 들어가는 받침은 무엇인지 써 보세요.

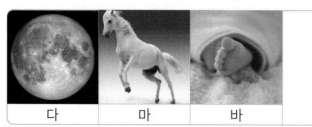

| 다 | 마 | 바 | |

■ 받침을 넣어 새로운 글자 만들기
• 글자와 그림을 보고 받침을 넣어 글자를 만들어 봅니다.
• 주어진 받침을 넣어 글자를 만들고 소리 내어 읽어 봅니다.

② 그림을 보고 보기 에서 알맞은 낱말을 골라 문장을 만들어 보세요.

보기

굴립니다.   던집니다.   참니다.   칩니다.

(1) 공을 발로 ☐☐☐☐☐

(2) 친구에게 공을 ☐☐☐☐☐☐

■ 그림의 내용을 문장으로 말하기
• 그림에서 어떤 일이 일어나는지 살펴봅니다.
• 누가 무엇을 하고 있는지 말해 봅니다.
• 일어난 일은 무엇인지 말해 봅니다.

③ 문장을 만들어 보세요.

나는 아침마다	밥을 먹습니다.	
	(1)	
	(2)	

나는	책 읽기를	
	(3)	좋아합니다.
	(4)	

■ 문장 쓰기
• 누가 무엇을 했는지 써 봅니다.
• 문장을 쓸 때에는 '∼이/가'에 해당하는 것이 먼저 나옵니다.
• 여러 가지 문장을 더 만들어 봅니다.
• 자신이 만든 문장을 친구들에게 말해 봅니다.

8. 소리 내어 또박또박 읽어요

띄어 읽으면 좋은 점 알기

① 뜻을 바르게 이해할 수 있습니다. → 내용을 바르게 전달할 수도 있습니다.
② 띄어 읽지 않으면 무슨 뜻인지 알기 어렵습니다.
③ 바르게 띄어 읽어야 글의 뜻을 쉽게 알 수 있습니다.

문장 부호❶의 이름과 쓰임❷ 알기

문장 부호	이름	쓰임	쓰는 방법
,	쉼표	부르는 말이나 대답하는 말 뒤에 쓴다.	,
.	마침표	설명하는 문장 끝에 쓴다.	.
?	물음표	묻는 문장 끝에 쓴다.	?
!	느낌표	느낌을 나타내는 문장 끝에 쓴다.	!

문장 부호는 문장의 뜻을 이해하기 쉽게 해 줍니다.

문장 부호에 맞게 띄어 읽는 방법 알기 → 문장 부호는 문장의 뜻을 이해하기 쉽게 해 줍니다.

① 문장 부호가 있는 곳에서는 반드시 띄어 읽습니다.
② 쉼표(,) 뒤에는 ∨를 하고 조금 쉬어 읽습니다. → 띄어 읽기를 표시하는 기호입니다.
③ 마침표(.), 물음표(?), 느낌표(!) 뒤에는 ∨를 하고 쉼표(,)보다 조금 더 쉬어 읽습니다.
④ 글이 끝나는 곳에서는 ∨를 하지 않습니다.

문장 부호에 맞게 띄어 읽기

① 문장 부호를 찾아봅니다.
② 띄어 읽을 곳을 생각하며 띄어 읽어 봅니다.

목소리 연극 하기

① 문장 부호에 맞게 목소리 연극을 해 봅니다.
② 목소리 연극을 평가해 봅니다. → 목소리 연극을 하면서 재미있었던 점을 친구들과 이야기해 봅니다.

9. 그림일기를 써요

> 그림일기란 그 날 겪은 일 가운데 가장 기억에 남는 일이나 그에 대한 생각과 느낌을 그림과 글로 나타낸 일기입니다.

🌀 그림일기 읽기
① 날짜와 요일, 날씨, 그림, 글이 들어가야 합니다.
② 일기의 내용, 일기를 쓰는 까닭 등을 생각해야 합니다.

🌀 그림일기를 쓰면 좋은 점 알기
① 중요한 일을 기억할 수 있습니다.
② 생각이나 느낌을 오래 간직할 수 있습니다.
③ 어떤 일이 일어났는지 알 수 있습니다.
④ 일어난 일에 대해 깊이 생각할 수 있습니다.

🌀 그림일기를 쓰는 방법 알기
① 하루 동안 겪은 일을 떠올립니다.
② 기억에 남는 일을 고릅니다.
③ 날짜와 요일, 날씨를 씁니다. → 날씨는 재미있게 구체적으로 나타낼 수 있습니다.
　　　　　　　　　　　　　　　예 해님이 웃는 날, 바람이 시원한 날
④ 그림을 그리고 내용을 씁니다.
⑤ 쓴 것을 다시 읽고 다듬습니다.

날짜와 요일, 날씨	년, 월, 일, 요일을 확인해 쓴다.
	'맑음', '비' 처럼 간단히 쓰거나 '바람이 시원한 날' 처럼 재미있게 쓴다.
그림	기억에 남는 장면을 그림으로 그린다.
글	기억에 남는 일을 쓴다.
	있었던 일에 대한 생각이나 느낌을 쓴다.

🌀 그림일기를 읽고 생각이나 느낌 말하기

기억에 남는 일을 재미있게 표현했어.

가장 중요한 장면을 그렸어.

1 띄어 읽기를 하려면 ☐ ☐ 뒤에는 조금 쉬어 읽고, 마침표, 물음표, ☐☐ 뒤에는 조금 더 쉬어 읽습니다.

2 다음 문장에서 띄어 읽을 곳에 ∨와 ≫표를 하세요.

> 싫어, ☐ 누나 것도 있잖아. ☐

3 그 날 겪은 일 가운데 가장 기억에 남는 일이나 그에 대한 생각과 느낌을 그림과 글로 나타낸 것을 무엇이라고 하는지 쓰세요.
（　　　　　）

4 그림일기를 쓰는 방법으로 알맞은 것에 ○표를 하세요.
(1) 그 날 상상한 일을 꾸며 쓴다. 　（　　　）
(2) 가장 기억에 남는 일을 골라 쓴다. 　（　　　）
(3) 쓴 사람과 받을 사람을 쓴다. 　（　　　）

단원평가 5회

8. 소리 내어 또박또박 읽어요

중요

1 글을 바르게 띄어 읽어야 하는 까닭으로 알맞은 것은 어느 것인가요? (   )

① 눈이 좋아질 수 있다.
② 뜻을 바르게 이해할 수 있다.
③ 글의 내용을 길게 늘일 수 있다.
④ 중요한 일을 오래 기억할 수 있다.
⑤ 옛날 사람들의 생각을 알 수 있다.

2 문장 부호와 이름을 선으로 이으세요.

(1) [,] •   • ㉠ 느낌표

(2) [!] •   • ㉡ 물음표

(3) [?] •   • ㉢ 쉼표

(4) [.] •   • ㉣ 마침표

잘 틀려요

3 다음 중 문장 부호를 바르게 쓴 것은 어느 것인가요? (   )

① 형님

② 형님

③ 형님

④ 형님

⑤ 형님

4~5

민지야, 잘 있었니?
강아지 이름을 복실이라고 지었구나. 참 예쁘다!
복실이와 좋은 친구가 되었다니 기뻐. 복실이도 너와 친구가 되어 좋아할 거야.
나도 복실이가 보고 싶어.
복실이와 우리 집에 놀러 올래?

현수가

4 이 글에 대한 설명으로 알맞은 것은 어느 것인가요? (   )

① 민지가 현수에게 쓴 글이다.
② 민지는 강아지를 무서워한다.
③ 현수가 민지네 집에 놀러간다고 하였다.
④ 민지는 강아지 이름을 복실이라고 지었다.
⑤ 현수는 민지에게 강아지가 생겨서 속상해하고 있다.

5 이 글에 쓰인 문장 부호 가운데 ‘,’의 이름과 쓰임이 바르게 짝지어진 것은 어느 것인가요? (   )

	이름	쓰임
①	쉼표	부르는 말 뒤에 쓴다.
②	쉼표	묻는 문장 끝에 쓴다.
③	마침표	대답하는 말 뒤에 쓴다.
④	느낌표	설명하는 문장 끝에 쓴다.
⑤	물음표	느낌을 나타내는 문장 끝에 쓴다.

6~8

어느 날, 샘이 많은 바람이 해를 찾아왔어요.

 이봐, 세상에서 누가 가장 힘이 센 줄 알아?

 누군데?

 바로 나, 바람이야㉠!

 정말 그럴까?

그때 마침 한 나그네가 길을 가고 있었어요.

 좋아, 그럼 우리 누가 더 센지 겨루어 볼까?

 어떻게㉡

 저 나그네의 외투를 먼저 벗기면 이기는 것으로 하자.

 좋아, 어디 한번 해 봐.

6 바람과 해님은 어떤 내기를 하였는지 쓰세요.

( )

중요

7 ㉠에 대한 설명으로 알맞은 것은 어느 것인가요? ( )

① 쉼표라고 한다.
② 물음표라고 한다.
③ 부르는 말 뒤에 쓴다.
④ 설명하는 문장 끝에 쓴다.
⑤ 느낌을 나타내는 문장 끝에 쓴다.

8 ㉡에 들어갈 알맞은 문장 부호를 쓰세요.

( )

---

9. 그림일기를 써요

잘 틀려요

9 그림일기를 쓰는 차례에 알맞게 기호를 쓰세요.

> ㉠ 그림을 그리고 내용을 쓴다.
> ㉡ 기억에 남는 일을 고른다.
> ㉢ 하루 동안 겪은 일을 떠올린다.
> ㉣ 날짜와 요일, 날씨를 쓴다.
> ㉤ 쓴 것을 다시 읽고 다듬는다.

( ) → ( ) → ( ) → ( ) → ( )

10 그림일기에 들어갈 내용으로 알맞지 <u>않은</u> 것은 어느 것인가요? ( )

① 그림
② 날짜
③ 날씨
④ 받을 사람
⑤ 생각이나 느낌

11 그림일기를 쓸 내용으로 알맞지 <u>않은</u> 것은 어느 것인가요? ( )

① 선생님께 칭찬받은 일
② 친구와 말다툼을 한 일
③ 아빠께 선물을 받은 일
④ 하루 동안 있었던 모든 일
⑤ 운동장에서 공놀이를 한 일

12~13

| 20○○년 7월 4일 화요일 | 날씨: ☆와 ⌒이 만난 날 |

	학	교	에	서		공		굴	리	기
놀	이	를		했	다	.	공	을		세
번		굴	렸	는	데		깃	발	은	한
개	만		넘	어	졌	다	.	더		연	습
해	야	겠	다	.						

12 이 그림일기의 내용을 바르게 말한 친구는 누구인가요? ( )

① 하성: 친구들과 공을 만든 일을 썼어.

② 영민: 공으로 친구 얼굴을 맞힌 일을 썼어.

③ 서빈: 학교에서 깃발을 세 개 넘어뜨린 일을 썼어.

④ 정현: 공을 잘 굴렸다고 선생님께 칭찬받은 일을 썼어.

⑤ 태서: 공을 세 번 굴렸는데 깃발은 한 개만 넘어졌던 일을 썼어.

☆중요

13 이와 같은 그림일기를 쓰면 좋은 점으로 알맞지 않은 것은 어느 것인가요? ( )

① 중요한 일을 기억할 수 있다.

② 친구와 더 가깝게 지낼 수 있다.

③ 어떤 일이 일어났는지 알 수 있다.

④ 생각이나 느낌을 오래 간직할 수 있다.

⑤ 일어난 일에 대해 깊이 생각할 수 있다.

잘 틀려요

14 다음 그림일기에서 고칠 점으로 알맞지 않은 것은 어느 것인가요? ( )

20○○년 7월 7일 금요일

	나	는		오	늘		아	침	에		일
어	나		밥	을		먹	고		학	교	에
가	서		공	부	를		했	다	.	그	리
고		집	에		와	서		숙	제	를	
하	고		잤	다	.						

① 날씨가 빠져 있다.

② 생각이나 느낌을 너무 많이 썼다.

③ 기억에 남는 장면을 그림으로 그리지 않았다.

④ 기억에 남는 일이 아니라 하루 일과를 썼다.

⑤ 한 일만 쓰고 자신의 생각이나 느낌을 쓰지 않았다.

15 다음 그림을 보고 서윤이에게 일어난 일을 문장으로 표현한 내용에 ○표를 하세요.

함께 쓰자.

서윤   연우

(1) 서윤이가 연우에게 고마워했다.

( )

(2) 서윤이는 친구들과 우산을 쓰고 밖에 나갔다.

( )

1 그림을 보고 민호가 어떤 생각을 했을지 문장으로 써 보세요.

(1)

민호

> 우리 집 초롱이가 새끼를 낳았다. _____
>
> _____

(2)

일요일에 아버지께서 볶음밥을 해 주셨다. _____

_____

■ 장면에 어울리는 글의 내용 생각하기

• 그림에 어울리는 글의 내용을 떠올려 봅니다.
• 그림의 내용과 어울리게 겪은 일을 두세 개의 문장으로 쓸 수 있도록 합니다.
• 떠올린 내용으로 글을 씁니다.

2 그림일기를 써 보세요.

(1) 어떤 일을 쓸지 정해 보세요.

_____

(2) (1)에서 정한 일을 쓰고 그때의 느낌을 보기 처럼 써 보세요.

> 보기
>
> 　친구와 줄넘기 연습을 했다. 줄넘기를 잘하는 친구가 부러웠다. 나도 열심히 연습해야겠다.

_____

_____

_____

■ 겪은 일을 떠올려 그림일기 쓰기

• 기억에 남는 일을 떠올립니다.
• 언제 어디에서 누구와 있었던 일인지 씁니다.
• 그때 어떤 일이 있었고, 기분이 어떠했는지 생각합니다.
• 겪은 일에 대한 자신의 생각이나 느낌을 씁니다.

벼 이야기

와! 할아버지. 이게 쌀 나무 맞죠?

어휴, 오빠! 쌀 나무가 뭐야? 이건 벼라고 하는 거야.

쌀이 달려 있으니까 쌀 나무 아닌가?

벼라니까!

허허허! 이렇게 껍질이 있는 것을 벼라고 하고, 껍질을 벗긴 것을 쌀이라고 한단다.

아, 그렇구나! 그럼 언제부터 벼를 심기 시작한 거예요?

벼의 원산지는 아프리카와 동남 아시아, 인도, 중국 등 여러 곳이며, 우리나라에서 벼가 재배된 것은 약 4000~5000년 전 쯤 신석기 후기나 청동기 초기부터라고 추측하고 있단다.

와! 정말 대단하네요.

그럼. 전 세계인의 절반 정도가 쌀을 주식으로 삼을 정도로 벼는 중요한 곡식이란다.

오빠. 이제 벼가 얼마나 중요한지 알았으면 앞으로 밥 남기지 마.

쩝.

보리 이야기

으아. 무슨 밥이 이렇게 생겼어요?

보리밥이니까 당연히 그렇지. 오빠. 보리 몰라?

보리라고? 그건 또 뭐지?

보리는 쌀, 밀과 더불어 인류가 오래 전부터 먹어 온 대표적인 곡식이란다.

보리는 서남 아시아 지방이 원산지이며, 기원전 7000년 무렵에 이미 메소포타미아에서 재배를 하였다는 기록이 있단다. 우리나라에서도 식량이 부족하던 1970년대에는 많이 먹었지. 요즘은 소비량이 많이 줄어들긴 했지만, 건강에는 이보다 좋은 곡식도 없단다.

입맛이 없는 여름엔 된장찌개와 함께 꽁보리 비빔밥이 일품이란다.

와! 보기보다 맛이 좋아요. 할아버지.

퍽 퍽 퍽

오빠. 맛있다고 너무 많이 먹지 마. 보리밥은 많이 먹으면 방귀가 자주 나오거든.

뭐, 뭐야?

하하하하

출제 예상 문제 분석

단원명	주요 출제 내용	출제 빈도	공부한 날
1. 9까지의 수	• 몇인지 알아보기 • 몇째인지 알아보기 • 세어 보기 • 수의 순서 알아보기 • Ⅰ 큰 수와 Ⅰ 작은 수 알아보기 • 두 수의 크기 비교하기	★★★★ ★★★★ ★★★★★ ★★★★★ ★★★★ ★★★★★	월 일
2. 여러 가지 모양	• 여러 가지 모양 찾기 • 모양이 같은 것끼리 모으기 • 여러 가지 모양 알아보기 • 여러 가지 모양을 쌓고 굴리기 • 여러 가지 모양으로 장난감 만들기 • 어떤 모양으로 만들었는지 알아보기	★★★ ★★★★ ★★★ ★★★ ★★★ ★★★★★	월 일
3. 덧셈과 뺄셈	• 모으기와 가르기 • 덧셈과 뺄셈 • 더하기와 빼기 나타내기 • 0을 더하거나 빼기 • 덧셈과 뺄셈 알아보기 • 덧셈과 뺄셈하기 • 덧셈식과 뺄셈식 만들기	★★★★ ★★★★★★ ★★★★ ★★★ ★★★★★ ★★★★ ★★★★	월 일

단원명	주요 출제 내용	출제 빈도	공부한 날
4. 비교하기	• 길이 비교하기 • 무게 비교하기 • 넓이 비교하기 • 담을 수 있는 양 비교하기	★★★★ ★★★★★ ★★★★ ★★★★	월 일
5. 50까지의 수	• 10 알아보기 • 십몇 알아보기 • 십몇의 모으기와 가르기 • 10개씩 묶어서 세기 • 50까지의 수 • 수의 순서 알아보기 • 두 수의 크기 비교하기	★★★ ★★★★ ★★★★★ ★★★★ ★★★★★ ★★★★ ★★★★★	월 일

1. 9까지의 수

숫자 쓰는 방법

①↓1 ②↱2 ③↱3

①↙4② ①↓⑤5 ①↘6

②↓①↙7 ①↘8 ①↘9

세어 보기

- 수를 셀 때에는 빠뜨리거나 두 번 세는 실수를 하지 않도록 그림에 ○표나 ×표를 하면서 셉니다.

9까지의 수의 순서 알아보기

- 일째, 이째, 삼째……로 읽지 않습니다.

1만큼 더 큰 수와 1만큼 더 작은 수 알아보기

- 왼쪽으로 갈수록 1씩 작아집니다.

  1 2 3 4 5 6 7 8 9

- 오른쪽으로 갈수록 1씩 커집니다.

두 수의 크기 비교하기

- 하나씩 연결하고 남는 쪽이 더 큰 수입니다.
- 수를 순서대로 썼을 때 왼쪽의 수보다 뒤에 있는 수가 더 큰 수입니다.

몇인지 알아보기 → 1부터 9까지의 수를 셀 때에는 하나, 둘, 셋, 넷, 다섯, 여섯, 일곱, 여덟, 아홉으로 셉니다.

그림	●	●●	●●●	●●●●	●●●●●
읽기	하나, 일	둘, 이	셋, 삼	넷, 사	다섯, 오
쓰기	1	2	3	4	5

그림	●●● ●●●	●●● ●●●●	●●●● ●●●●	●●●● ●●●●●
읽기	여섯, 육	일곱, 칠	여덟, 팔	아홉, 구
쓰기	6	7	8	9

몇째인지 알아보기 → 개수와 순서는 다릅니다. 여섯(육)은 6개를 말하고 여섯째는 여섯째 1개만 말합니다.

1등 2등 3등 4등 5등 6등 7등 8등 9등

첫째 둘째 셋째 넷째 다섯째 여섯째 일곱째 여덟째 아홉째

- 순서를 나타낼 때에는 '둘, 셋, 넷……'에 째를 붙여 읽습니다.

세어 보기 → '일, 이, 삼, 사, 오……' 또는 '하나, 둘, 셋, 넷, 다섯……'과 같이 수를 셉니다.

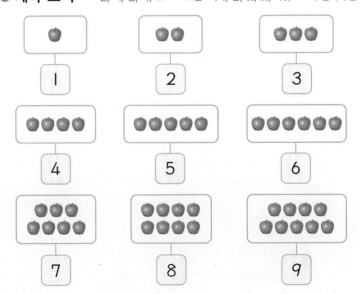

🍀 수의 순서 알아보기 → 수의 순서를 거꾸로 하면 9, 8, 7, 6, 5, 4, 3, 2, 1입니다.

- 순서대로 세기

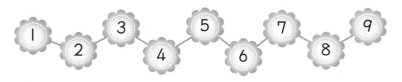

- 거꾸로 세기

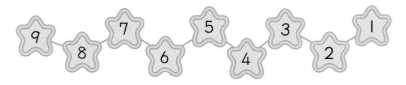

수를 순서대로 썼을 때 바로 앞의 수는 1만큼 더 작은 수,
바로 뒤의 수는 1만큼 더 큰 수입니다.

🍀 1만큼 더 큰 수와 1만큼 더 작은 수 알아보기 ┐

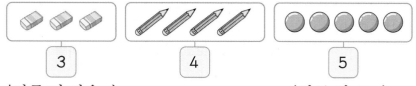

| 3 | 4 | 5 |

1만큼 더 작은 수   1만큼 더 큰 수

- 4보다 1만큼 더 작은 수는 3이고, 4보다 1만큼 더 큰 수는 5입니다.

1만큼 더 작은 수   1만큼 더 큰 수

- 아무것도 없는 것을 0이라고 쓰고, 영이라고 읽습니다.

🍀 두 수의 크기 비교하기 → 많은 쪽이 큰 수이고, 적은 쪽이 작은 수입니다.

- 6은 8보다 작습니다.
- 8은 6보다 큽니다.

수학

1 하나씩 짝을 지어 ○를 그려 보세요.

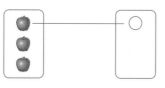

2 왼쪽에서부터 알맞게 색칠해 보세요.

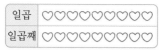

3 세어 보고 알맞은 말에 ○표 하세요.

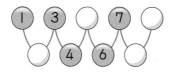

(하나, 둘, 셋, 넷, 다섯)

4 순서에 맞게 빈 곳에 알맞은 수를 써넣으세요.

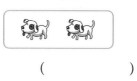

5 강아지의 수보다 하나 더 많은 수를 쓰세요.

(　　　　)

1 관계있는 것끼리 선으로 이어 보세요.

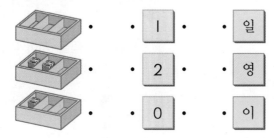

- • | • • 일
- • 2 • • 영
- • 0 • • 이

2 수를 [보기]와 같이 두 가지 방법으로 읽어 보세요.

┌── 보기 ──┐
5 ➡ 다섯, 오
└──────────┘

(1) 6 ➡ (,   )

(2) 9 ➡ (,   )

3 4인 것을 찾아 ○표 하세요.

(   ) (   ) (   )

4 빨간색 장갑은 오른쪽에서부터 몇째에 있을까요?

(   )

5 왼쪽에서부터 알맞게 색칠해 보세요.

셋	♧	♧	♧	♧	♧
셋째	♧	♧	♧	♧	♧

6 그림을 보고 넷과 넷째의 차이를 써 보세요.

_____

_____

서술형

7 9명의 학생들이 운동장에 한 줄로 서 있습니다. 상철이 앞에 7명이 서 있다면 상철이는 앞에서부터 몇째에 서 있는지 풀이 과정을 쓰고 답을 구하세요.

_____

_____

_____

(   )

8 세어 보고 알맞은 수에 ◯표 하세요.

(1)
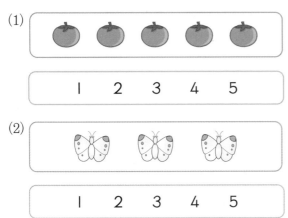

| 1 | 2 | 3 | 4 | 5 |

(2)

| 1 | 2 | 3 | 4 | 5 |

9 왼쪽의 수만큼 ◯로 묶어 보세요.

10 꽃병에 꽂혀 있는 꽃의 수를 세어 보고 알맞은 수에 ◯표 하세요.

(1) 0 1 2 3 4 5

(2) 0 1 2 3 4 5

(3) 0 1 2 3 4 5

11 그림의 수를 세어 보고 ☐ 안에 알맞은 수를 써넣으세요.

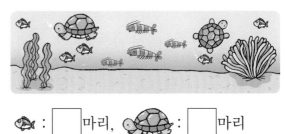

🐟 : ☐ 마리, 🐢 : ☐ 마리

🦐 : ☐ 마리

12 순서에 맞게 빈 곳에 알맞은 수를 써넣으세요.

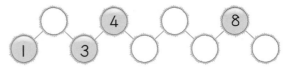

13 과자의 수보다 1만큼 더 큰 수에 ◯표 하세요.

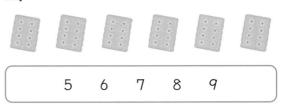

| 5 | 6 | 7 | 8 | 9 |

14 순서에 맞게 빈 곳에 알맞은 수나 말을 써넣으세요.

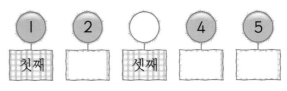

첫째 ☐ 셋째 ☐ ☐

15 □ 안에 알맞은 수를 써넣으세요.

(1) ☐ 보다 I만큼 더 큰 수는 6입니다.

(2) 8보다 I만큼 더 작은 수는 ☐ 입니다.

(3) 0은 I보다 ☐ 만큼 더 작은 수입니다.

16 9명의 어린이들이 달리기를 하였습니다. 6등 바로 뒤로 결승선에 들어온 어린이는 몇 등일까요? (　　　)

① 4등　　　② 5등　　　③ 6등

④ 7등　　　⑤ 8등

17 정수는 도넛을 3개 가지고 있습니다. 혜민, 미진, 경아 중에서 정수보다 도넛을 하나 더 많이 가지고 있는 사람은 누구인지 이름을 쓰세요.

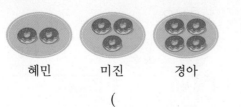

혜민　　　미진　　　경아

(　　　　　　　)

18 알맞은 말에 ○표 하세요.

(1) 8은 7보다 (큽니다 , 작습니다).

(2) 5는 9보다 (큽니다 , 작습니다).

19 가장 큰 수에 ○표, 가장 작은 수에 △표 하세요.

| 2 | 0 | 7 |

20 지원이와 재석이가 각각 가지고 있는 구슬입니다. 구슬을 하나 더 적게 가지고 있는 사람은 누구인지 풀이 과정을 쓰고 답을 구하세요.

지원　　　재석

_____

_____

_____

(　　　　　　　)

탐·구·수·학·활·동

▶ 오늘은 백설공주의 생일날입니다. 일곱 난쟁이들은 백설공주의 생일 선물로 카드를 한 장씩 썼습니다. 카드가 나타내는 수를 큰 수부터 차례로 늘어놓아야 일곱 난쟁이들이 하고 싶은 말이 완성된다고 합니다. 물음에 답하세요.

> 난쟁이들의 생일 선물 카드가 나타내는 수를 각각 구해 보아요.

1 카드가 나타내는 수를 쓰고, 큰 수부터 차례로 늘어놓아 일곱 난쟁이가 하고 싶은 말을 구하세요.

(1) 카드가 나타내는 수

$\square$, $\square$, $\square$, $\square$, $\square$, $\square$, $\square$

(2) 하고 싶은 말　　　　　　　　(　　　　　　　　)

▶ 그림을 보고 물음에 답하세요.

> 여러분을 멋진 마술의 세계로 초대합니다!
> 무엇이든 마술사의 손이 지나가면
> 사라지는 마술입니다.
> 자~ 지금부터 두 눈을 크게 뜨고 바라보세요!

2 마술사의 마술로 인해 손에 있던 긴 봉이 하나씩 사라지고 있습니다. 기호에 맞게 긴 봉의 개수를 쓰세요.

㉠ － $\square$ 개　　㉡ － $\square$ 개

㉢ － $\square$ 개　　㉣ － $\square$ 개

2. 여러 가지 모양

✏ 여러 가지 모양 찾기

* , , 과 같은 모양 찾기

┌─ 건물, 책 등에서 많이 볼 수 있는 모양입니다.

┌─ 캔, 바퀴 등에서 많이 볼 수 있는 모양입니다.

┌─ 지구의, 공 등에서 많이 볼 수 있는 모양입니다.

* 교실에서 찾을 수 있는 ⬜ 모양:
  주사위, 지우개, 네모난 필통, 휴지 상자, 사물함 등
* 교실에서 찾을 수 있는 ⬭ 모양:
  풀, 두루마리 휴지, 휴지통, 시계, 물통, 분필 등
* 교실에서 찾을 수 있는 ○ 모양:
  구슬, 축구공, 농구공, 야구공, 고무공 등

✏ 모양이 같은 것끼리 모으기

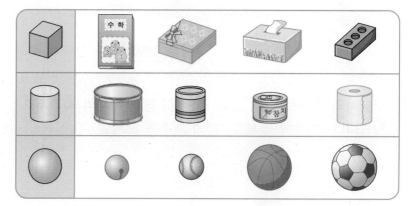

여러 가지 모양 알아보기

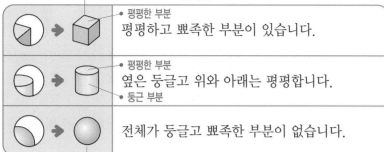

		평평하고 뽀족한 부분이 있습니다.
		옆은 둥글고 위와 아래는 평평합니다.
		전체가 둥글고 뽀족한 부분이 없습니다.

여러 가지 모양을 쌓고 굴리기

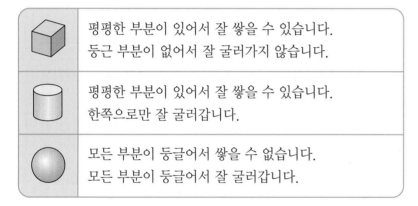

	평평한 부분이 있어서 잘 쌓을 수 있습니다. 둥근 부분이 없어서 잘 굴러가지 않습니다.
	평평한 부분이 있어서 잘 쌓을 수 있습니다. 한쪽으로만 잘 굴러갑니다.
	모든 부분이 둥글어서 쌓을 수 없습니다. 모든 부분이 둥글어서 잘 굴러갑니다.

여러 가지 모양으로 장난감 만들기

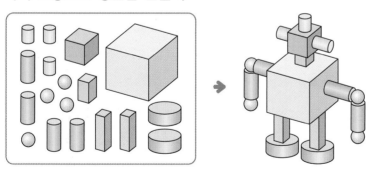

어떤 모양으로 만들었는지 알아보기

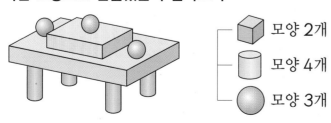

모양 2개
모양 4개
모양 3개

바로바로 체크

그림을 보고 물음에 답하세요.
[1~2]

ㄱ ㄴ ㄷ
ㄹ ㅁ ㅂ

1 ⬜ 모양은 몇 개일까요?
( )개

2 가장 많은 모양을 찾아 ○ 표 하세요.
(⬜, ⬛, ⚫)

3 오른쪽 그림은 어떤 모양의 일부분을 나타낸 것입니다. 오른쪽과 같은 모양을 찾아 기호를 쓰세요.

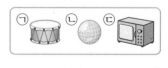

ㄱ ㄴ ㄷ

( )

4 ⬜ 모양 3개, ⬛ 모양 2개, ⚫ 모양 2개를 사용하여 만든 것을 찾아 기호를 쓰세요.

가 나

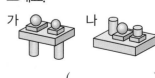

( )

▶ 정답

1. l 2. ⬛ 3. ㉢ 4. 가

수학 **49**

1 다음 중에서 모양이 <u>아닌</u> 것은 어느 것일까요? (　　)

①

②

③

④

⑤

2 모양을 찾아 ○표 하세요.

　㉠　　　　　㉡　　　　　㉢

（　　　）　（　　　）　（　　　）

서술형

3 모양은 모두 몇 개인지 풀이 과정을 쓰고 답을 구하세요.

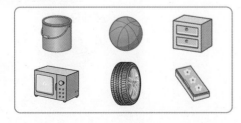

＿＿＿＿＿＿＿＿＿＿＿＿＿＿＿＿

＿＿＿＿＿＿＿＿＿＿＿＿＿＿＿＿

（　　　　　　）개

✿그림을 보고 물음에 답하세요. [4~5]

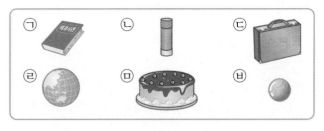

4 모양을 모두 찾아 기호를 쓰세요.

（　　　　　　　　　）

5 모양을 모두 찾아 기호를 쓰세요.

（　　　　　　　　　）

6 모양이 나머지 셋과 <u>다른</u> 하나를 찾아 기호를 쓰세요.

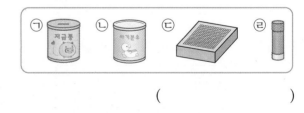

（　　　　　　　　　）

7 색칠된 칸은 어떤 모양끼리 모아 놓은 것인지 알맞은 모양에 ○표 하세요.

(1)

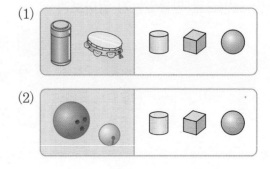

✿다음 모양들을 모양과 모양으로 나누어 정리하려고 합니다. 알맞게 기호를 쓰세요. [8~9]

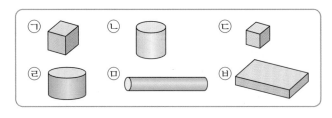

8 　　　　　（　　　　　　）

9 　　　　　（　　　　　　）

서술형

10 물건을 같은 모양끼리 모아 놓은 사람은 누구인지 풀이 과정을 쓰고 답을 구하세요.

_____

_____

（　　　　　　）

11 알맞은 모양에 ◯표 하세요.

뾰족한 부분이 있는 모양은

（ , , ⚽ ） 모양입니다.

✿주어진 그림은 어떤 모양의 일부분을 나타낸 것입니다. 그림과 같은 모양을 보기 에서 찾아 기호를 쓰세요. [12~13]

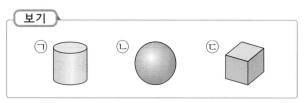

12

（　　　　　　）

13

（　　　　　　）

14 다음 설명을 읽고 해당하는 모양을 찾아 선으로 이어 보세요.

(1) 난 뾰족한 부분이 있어.　　・　　・㉠

(2) 난 둥근 부분도 있고 평평한 부분도 있어.　　・　　・㉡

(3) 난 모든 부분이 다 둥글어.　　・　　・㉢

수학　**51**

서술형

15 어느 방향으로든 잘 굴러가는 모양을 찾아 기호를 쓰고 그 이유를 쓰세요.

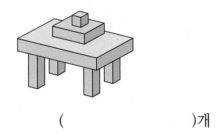

_____

_____

_____

(   )

16 다음 그림은 □ 모양을 몇 개 사용하여 만들었을까요?

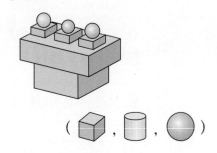

(   )개

17 다음 모양을 만드는 데 사용한 모양을 모두 찾아 ○표 하세요.

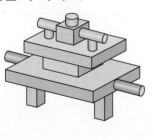

(□ , 🔾 , ⬤)

18 다음에서 각 모양을 몇 개씩 사용하여 만들었는지 세어 보세요.

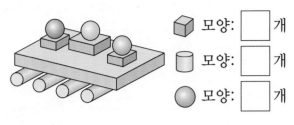

□ 모양: [   ]개

🔾 모양: [   ]개

⬤ 모양: [   ]개

19 ⬤ 모양을 사용하지 <u>않은</u> 것을 찾아 기호를 쓰세요.

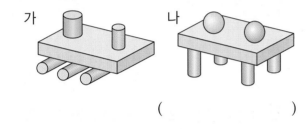

가   나

(   )

서술형

20 그림을 보고 □ 모양과 🔾 모양 중에서 더 많이 사용한 모양은 몇 개인지 풀이 과정을 쓰고 답을 구하세요.

_____

_____

(   )개

① 규백이네 모둠은 음악 시간에 악기를 연주하였습니다. 일부분의 모양이 오른쪽과 같은 악기를 들고 있는 친구는 누구일까요?

각각의 악기는 모양, 모양, 모양 중에 어떤 모양인지 찾아보아요.

〈지원〉 〈범렬〉 〈규백〉

〈강우〉 〈혁수〉 〈유빈〉

(   )

② 준영이는 집에서 준비해 온 재활용품으로 다음과 같은 모양을 만들었습니다. 준영이는 모양은 탁구공으로, 모양은 과자 상자로 만들었습니다. 여러분이 준영이라면 모양은 어떤 물건으로 사용할지 두 가지만 써 보세요.

우리 생활 주변에서 모양인 물건들을 찾아보아요.

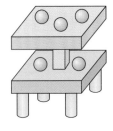

(   )

3. 덧셈과 뺄셈

❖ 모으기
• 두 곳에 있는 것을 한 곳으로 모으는 상황을 화살표 방향으로 알 수 있습니다.

❖ 가르기
• 한 곳에 있는 것을 두 곳으로 가르는 상황을 화살표 방향으로 알 수 있습니다.

❖ 가르기와 모으기
• 6은 1과 5, 2와 4, 3과 3, 4와 2, 5와 1로 가를 수 있습니다.

❖ 덧셈과 뺄셈
• 5+2=7은 '5와 2의 합은 7입니다.' 라고 읽을 수도 있습니다.
• 8-3=5는 '8과 3의 차는 5입니다.' 라고 읽을 수도 있습니다.

❖ 덧셈식과 뺄셈식
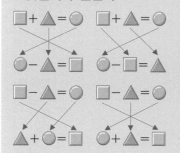

모으기와 가르기

• 5와 3을 모으기

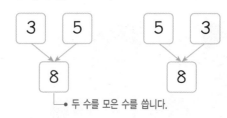

↳• 두 수를 모은 수를 씁니다.

• 7을 가르기

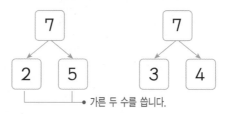

↳• 가른 두 수를 씁니다.

덧셈과 뺄셈

• 덧셈 알아보기

• 뺄셈 알아보기

↳ 덜어내는 그림은 뺄셈식으로 나타냅니다.

➡ 쓰기 : 5+2=7
➡ 읽기 : 5 더하기 2는 7과 같습니다.

➡ 쓰기 : 8-3=5
➡ 읽기 : 8 빼기 3은 5와 같습니다.

더하기와 빼기 나타내기 ⟶ 더하기는 +로, 빼기는 -로, 같다는 =로 나타냅니다.

쓰기 3+1=4   읽기 3 더하기 1은 4와 같습니다.
3과 1의 합은 4입니다.

쓰기 6-2=4   읽기 6 빼기 2는 4와 같습니다.
6과 2의 차는 4입니다.

0을 더하거나 빼기

$$\boxed{0} + 5 = 5$$
그대로입니다.

$$5 - \boxed{0} = 5$$
그대로입니다.

$$5 + \boxed{0} = 5$$
그대로입니다.

$$5 - 5 = \boxed{0}$$
아무것도 남지 않습니다.

덧셈과 뺄셈 알아보기

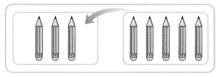 

$\rightarrow$ 3+5=8

$\rightarrow$ 6-2=4

덧셈과 뺄셈하기

• 덧셈하기
2+1=3
2+2=4
2+3=5
2+4=6

• 뺄셈하기
8-1=7
8-2=6
8-3=5
8-4=4

덧셈식과 뺄셈식 만들기

• 덧셈식 만들기

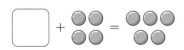

□+4=5

$\rightarrow$ 5-4=□, □=1

• 뺄셈식 만들기

6-□=3

$\rightarrow$ 6-3=□, □=3

1 빈칸에 알맞은 수를 써넣으세요.

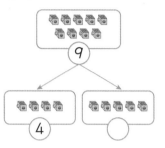

2 빈칸에 알맞은 수를 써넣으세요.

3 덧셈을 하세요.

0+3=□

4 도미노를 보고 뺄셈을 하세요.

7-0=□

5 뺄셈을 하세요.

6-3=□

수학 55

1 그림을 보고 빈칸에 알맞은 수를 써넣으세요.

2 주사위의 눈을 모아 5가 되는 것에 ○표 하세요.

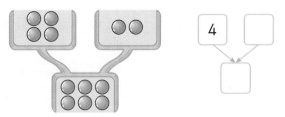

(   )   (   )   (   )

3 그림을 보고 빈 곳에 알맞은 수를 써넣으세요.

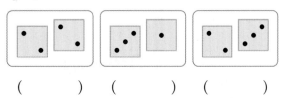

4 그림을 보고 ☐ 안에 '+, −' 중 알맞은 기호를 써넣으세요.

➡ 1 ☐ 4=5

5 도미노를 보고 덧셈을 하세요.

(1)

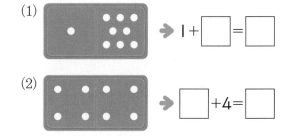

➡ 1 + ☐ = ☐

(2) ➡ ☐ + 4 = ☐

서술형

6 마당에 있던 닭 7마리가 비어 있던 닭장 안으로 모두 들어갔습니다. 마당과 닭장 안에 있는 닭은 모두 몇 마리인지 풀이 과정을 쓰고 답을 구하세요.

_____

_____

_____

(   )마리

7 남학생과 여학생은 모두 몇 명일까요?

(   )명

8 어머니께서 수박 1개와 멜론 3개를 사오셨습니다. 어머니께서 사 오신 수박과 멜론은 모두 몇 개인지 덧셈식을 쓰고, 답을 구하세요.

식 _____

답 _____ 개

9 뺄셈식을 보고 두 가지 방법으로 읽어 보세요.

읽기 _____

읽기 _____

10 숫자 카드 중에서 가장 큰 수와 가장 작은 수의 차를 구하세요.

| 6 | 3 | 0 | 9 |

(   )

11 그림을 보고 덧셈식을 만들어 보세요.

$\boxed{} + 1 = \boxed{}$

12 덧셈을 하세요.

(1) $4+3=\boxed{}$

(2) $0+5=\boxed{}$

13 뺄셈을 하세요.

(1) $9-8=\boxed{}$

(2) $5-5=\boxed{}$

14 세 수를 모두 이용하여 뺄셈식을 쓰세요.

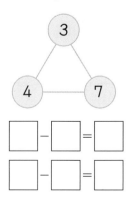

$\boxed{} - \boxed{} = \boxed{}$

$\boxed{} - \boxed{} = \boxed{}$

수

학

15 그림을 보고 뺄셈식을 만들어 보세요.

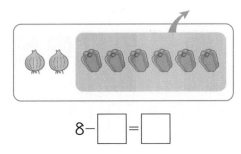

8 - ☐ = ☐

16 그림을 보고 ☐가 있는 뺄셈식을 만들고 ☐ 를 구하세요.

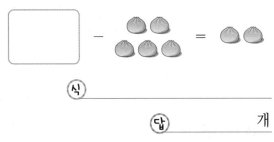

식 _____

답 _____ 개

서술형

17 딸기 7개가 있습니다. 그중에서 몇 개를 먹었더니 5개가 남았습니다. 먹은 딸기가 몇 개인지 풀이 과정을 쓰고 답을 구하세요.

_____

_____

(_____)개

18 다음 중 두 수의 차가 가장 큰 것은 어느 것일까요? ( )

① 3 6 ② 5 9

③ 4 7 ④ 1 4

⑤ 8 3

19 관계있는 것끼리 선으로 이어 보세요.

| 1+6 | 2+3 | 4+2 |

| 4+1 | 1+5 | 3+4 |

20 계산 결과가 같은 것끼리 색칠해 보세요.

| 4-3 | 5+2 | 2+3 |

| 5-2 | 9-2 |

▶ 진호네 반에서는 체육시간에 땅따먹기 게임을 하려고 합니다. 땅따먹기는 주어진 숫자칸 중 임의로 한 칸에 돌을 던지고 그 칸을 제외하고 끝까지 건너가는 게임입니다. 그림을 보고 물음에 답하세요. [❶ ~ ❷]

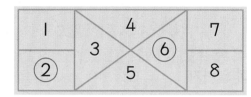

❶ 땅따먹기 게임을 하려고 하는 친구들은 모두 9명입니다. 선생님께서 A, B 두 팀으로 편을 나누려고 합니다. 가능한 비슷한 인원으로 나누고 싶다면 어떻게 둘로 나눌 수 있는지 말해 보세요.

A팀을 ☐ 명, B팀을 ☐ 명으로 나누거나

A팀을 ☐ 명, B팀을 ☐ 명으로 나눌 수 있습니다.

'비슷한'의 뜻이 뭔가요?

크기, 모양 등에서 전체적으로 같은 점이 많다는 것을 뜻해요.

❷ 진호는 땅따먹기 게임에서 그림에 표시된 두 군데에 돌을 던져 그 곳을 밟지 않고 통과했습니다. 돌이 놓여진 곳의 숫자만큼 점수를 받는다면 진호는 몇 점을 받을 수 있을까요?

(   )점

땅따먹기 게임에서 진호의 돌이 던져진 땅은 2와 6이 쓰여진 곳이에요.

4. 비교하기

❖ 길이 비교하기

- 두 가지의 길이를 비교할 때에는 '더 깁니다', '더 짧습니다' 라고 하고, 여럿의 길이를 비교할 때에는 '가장 깁니다', '가장 짧습니다' 라고 합니다.

❖ 무게 비교하기

- 손으로 들었을 때 힘이 더 많이 드는 쪽이 더 무겁고, 양팔저울에 올려놓았을 때 아래로 내려가는 쪽이 더 무겁습니다.

❖ 넓이 비교하기

- 넓이의 차가 충분히 크면 눈으로 비교할 수 있습니다. 또, 한쪽 끝을 맞추어 겹쳐 보았을 때 남는 부분이 있으면 더 넓습니다.

❖ 담을 수 있는 양 비교하기

- 그릇의 모양과 크기가 같을 때 담긴 물이 위쪽으로 더 많이 올라갈수록 물의 양이 많습니다.

- 담긴 물의 높이가 같을 때 그릇의 크기가 클수록 물의 양이 많습니다.

✎ 길이 비교하기 → 한쪽 끝을 맞추고 다른 쪽 끝의 길이를 비교합니다.

리코더

색연필

- 리코더는 색연필보다 더 깁니다.
- 색연필은 리코더보다 더 짧습니다.

✎ 길이 비교하여 말하기

젓가락   가장 깁니다.

빨대

포크   가장 짧습니다.

- 젓가락, 빨대, 포크 중에서 젓가락이 가장 길고, 포크가 가장 짧습니다.

✎ 높이 비교하기 → 서로 멀리 떨어져 있거나 높이의 차가 크지 않을 때에는 높이를 눈으로 직접 비교하기가 어려우므로 끈이나 실, 긴 막대기 같은 도구를 이용하여 높이를 비교합니다.

가   나

- 가는 나보다 더 높습니다.
- 나는 가보다 더 낮습니다.

✎ 키 비교하기 → 둘의 키를 비교할 때에는 '더 큽니다', '더 작습니다' 라고 합니다.

동진   수영

- 동진이는 수영이보다 더 큽니다.
- 수영이는 동진이보다 더 작습니다.

무게 비교하기 → 손으로 들었을 때 힘이 더 많이 드는 쪽이 더 무겁습니다.
양팔저울에 올려놓았을 때 아래로 내려가는 쪽이 더 무겁습니다.

용태   성룡

• 용태는 성룡이보다 더 무겁습니다.
• 성룡이는 용태보다 더 가볍습니다.

무게 비교하여 말하기

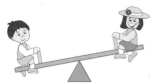 

석찬   유림   석찬   준호

• 유림이가 가장 가볍습니다.
• 준호가 가장 무겁습니다.

넓이 비교하기 → 넓이의 차가 충분히 크면 눈으로 비교할 수 있습니다.
한쪽 끝을 맞추어 겹쳐 보았을 때 남는 부분이 있으면 넓습니다.

편지지   우표

• 편지지는 우표보다 더 넓습니다.
• 우표는 편지지보다 더 좁습니다.

담을 수 있는 양 비교하기 → 크기가 클수록 담을 수 있는 양이 많습니다.
크기가 비슷하면 직접 물을 담아 비교할 수 있습니다.

가   나

• 가는 나보다 담을 수 있는 양이 더 많습니다.
• 나는 가보다 담을 수 있는 양이 더 적습니다.

1 가장 짧은 쪽에 ◯표 하세요.

㉠ [   ]   (   )
㉡ [   ]   (   )
㉢ [   ]   (   )

2 알맞은 말에 ◯표 하세요.

는   보다 더

(높습니다 , 낮습니다).

3 키가 더 작은 사람은 누구일까요?

정호   경민

(   )

4 관계있는 것끼리 선으로 이어 보세요.

(1) 🕊 •   • ㉠ 더 무겁다.

(2) 🦅 •   • ㉡ 더 가볍다.

5 두 색종이의 넓이를 맞대어 비교하려고 합니다. 바르게 비교한 그림에 ◯표 하세요.

㉠   ㉡

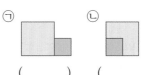

(   )   (   )

▶ 정답

1. ㉢   2. 높습니다   3. 정호
4. (1) ㉡ (2) ㉠   5. ㉡

수학 **61**

1 더 짧은 쪽에 ○표 하세요.

ㄱ ( )

ㄴ ( )

2 그림을 보고 알맞은 말에 ○표 하세요.

➡ 연필은 가위보다

더 (깁니다 , 짧습니다).

3 손톱깎이보다 더 긴 물건에 모두 ○표 하세요.

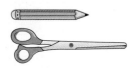

ㄱ ( )

ㄴ ( )

ㄷ ( )

4 더 높은 쪽에 ○표 하세요.

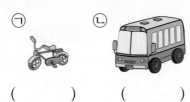

ㄱ ( ) ㄴ ( )

서술형

5 3명의 친구가 실을 늘어놓았습니다 가장 긴 것을 가진 사람은 누구인지 풀이 과정을 쓰고 답을 구하세요.

수근

솔미

영철

_____

_____

_____

( )

6 그림을 보고 ☐ 안에 알맞은 말을 써넣으세요.

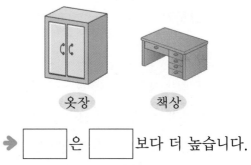

옷장   책상

➡ ☐ 은 ☐ 보다 더 높습니다.

7 높은 것부터 차례로 기호를 쓰세요.

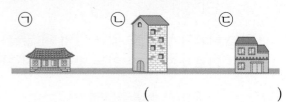

ㄱ   ㄴ   ㄷ

( )

8 전봇대보다 더 높은 나무와 더 낮은 나무를 그려 보세요.

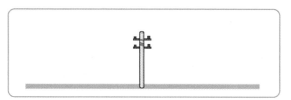

9 키가 가장 큰 쪽에 ○표, 가장 작은 쪽에 △표 하세요.

㉠   ㉡   ㉢

(   )   (   )   (   )

서술형

10 3명의 어린이가 계단에 서 있습니다. 키가 가장 작은 사람은 누구인지 풀이 과정을 쓰고 답을 구하세요.

민호   은지   경욱

_____

_____

_____

(   )

11 송이, 지희, 재우를 키가 큰 사람부터 차례로 쓰세요.

- 지희는 송이보다 키가 더 큽니다.
- 재우는 송이보다 키가 더 작습니다.

(   )

12 더 가벼운 쪽에 ○표 하세요.

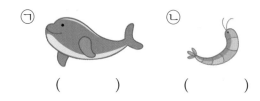

㉠   ㉡

(   )   (   )

13 자동차보다 더 무거운 것을 찾아 쓰세요.

자동차   자전거   버스

(   )

14 동물 세 마리를 무게가 가벼운 것부터 차례로 쓰세요.

돼지   닭   소

(   )

서술형

15 미애는 현주보다 몸무게가 더 가볍고 윤지는 현주보다 몸무게가 더 무겁습니다. 몸무게가 가장 가벼운 사람은 누구인지 풀이 과정을 쓰고 답을 구하세요.

_____

_____

( )

16 더 넓은 쪽에 ○표 하세요.

ㄱ   ㄴ

( )   ( )

17 가장 넓은 쪽에 ○표, 가장 좁은 쪽에 △표 하세요.

ㄱ 50   ㄴ 100   ㄷ 500

( )   ( )   ( )

18 가장 좁은 것을 찾아 기호를 쓰세요.

			ㄴ
ㄱ		ㄷ	

( )

19 관계있는 것끼리 선으로 이어 보세요.

(1) 키   •   • ㄱ 더 많다, 더 적다.

(2) 넓이   •   • ㄴ 더 넓다, 더 좁다.

(3) 담을 수 있는 양 •   • ㄷ 더 크다, 더 작다.

서술형

20 물을 가득 채우기 위해 더 넣어야 하는 물의 양이 가장 많은 그릇은 어느 것인지 풀이 과정을 쓰고 답을 구하세요.

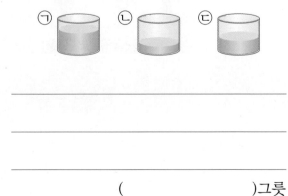

ㄱ   ㄴ   ㄷ

_____

_____

( )그릇

▶ 숲속나라 동물들이 서로 자기가 더 무겁다고 말하고 있습니다. 보고 있던 토끼는 누가 가장 무거운지 확실히 알아보기 위해 시소를 가져왔습니다. 두 마리씩 시소에 올랐더니 다음과 같았다고 할 때, 누가 가장 무거운지 알아보세요.

[1 ~ 4]

1 코끼리와 사자 중 누가 더 무거울까요?

(   )

> 시소에 탔을 때 아래로 내려가는 쪽이 더 무겁습니다.

2 사자와 곰 중 누가 더 무거울까요?

(   )

3 곰과 코끼리 중에 누가 더 무거울까요?

(   )

> 코끼리와 곰이 모두 사자보다 무거우므로 코끼리와 곰의 무게를 다시 비교합니다.

4 코끼리와 사자와 곰 중에서 누가 가장 무거울까요?

(   )

5. 50까지의 수

10 알아보기 → 10은 10개씩 묶음이 1개입니다.

10
십 · 열

• 9보다 1만큼 더 큰 수를 10이라고 합니다.
• 10은 십 또는 열이라고 읽습니다.

└ • 10은 다음과 같이 가를 수 있습니다.
  1과 9, 2와 8, 3과 7, 4와 6, 5와 5, 6과 4, 7과 3, 8과 2, 9와 1

십몇 알아보기

• 11을 읽을 때 십하나 또는 열일이라고 읽지 않도록 주의합니다.

	11(십일, 열하나)
	12(십이, 열둘)
	13(십삼, 열셋)
	14(십사, 열넷)
	15(십오, 열다섯)
	16(십육, 열여섯)
	17(십칠, 열일곱)
	18(십팔, 열여덟)
	19(십구, 열아홉)

십몇의 모으기와 가르기

9와 4는 13으로
모을 수 있습니다.

17은 9와 8로
가를 수 있습니다.

🖊 10개씩 묶어서 세기

	20(이십, 스물)		30(삼십, 서른)
	40(사십, 마흔)		50(오십, 쉰)

🖊 50까지의 수

- 10개씩 묶음 3개와 낱개 5개를 35라고 합니다.
- 35는 삼십오 또는 서른다섯이라고 합니다.

🖊 수의 순서 알아보기

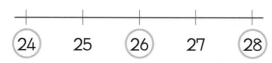

- 25보다 1만큼 더 큰 수 또는 27보다 1만큼 더 작은 수는 26입니다.
- 25보다 1만큼 더 작은 수는 24이고, 27보다 1만큼 더 큰 수는 28입니다.

🖊 두 수의 크기 비교하기

- 10개씩 묶음의 수가 다를 때 → 10개씩 묶음의 수를 비교합니다.

 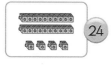

➡ ⌐ 32는 24보다 큽니다.
  └ 24는 32보다 작습니다.

- 10개씩 묶음의 수가 같을 때 → 낱개의 수를 비교합니다.

 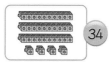

➡ ⌐ 34는 32보다 큽니다.
  └ 32는 34보다 작습니다.

→ 세 수의 크기 비교: 27, 31, 45에서 27과 31 중에서 31이 크고, 31과 45 중에서 45가 크므로 27이 가장 작고, 45가 가장 큽니다.

1 그림을 보고 ☐ 안에 알맞은 수를 써넣으세요.

10개씩 묶음 ☐개와 낱개 ☐개는 ☐입니다.

2 빈 곳에 알맞은 수를 써넣으세요.

1만큼 더 작은 수	39	1만큼 더 큰 수

3 공에 쓰인 수가 큰 순서대로 써 보세요.

| 13 | 16 | 12 | 11 | 15 |

(   )

4 알맞은 말에 ○표 하세요.

23	26

23은 26보다
(큽니다 , 작습니다).

수
학

1 ☐ 안에 알맞은 수를 써넣고, 두 가지 방법으로 읽어 보세요.

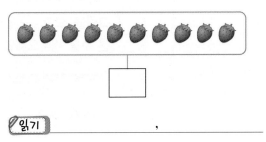

☐

읽기 _____ , _____

2 그림을 보고 ☐ 안에 알맞은 수를 써넣으세요.

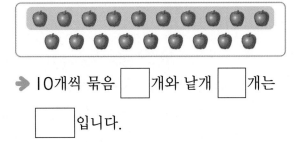

➡ 10개씩 묶음 ☐ 개와 낱개 ☐ 개는

☐ 입니다.

3 그림의 수를 세어 보고 선으로 이어 보세요.

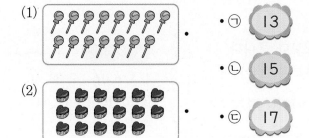

(1) •

(2) •

• ㉠ 13

• ㉡ 15

• ㉢ 17

4 사과가 열 개보다 여섯 개 더 많이 있습니다. 사과의 수를 두 가지 방법으로 읽어 보세요.

읽기 _____ , _____

서술형

5 세 명의 친구들이 가위바위보를 해서 다음과 같이 냈습니다. 펼친 손가락은 모두 몇 개인지 풀이 과정을 쓰고 답을 구하세요.

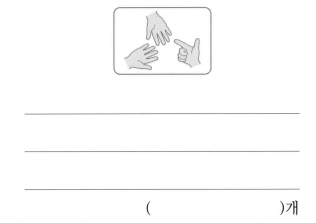

_____

_____

(_____)개

6 빈 곳에 알맞은 그림과 수를 써넣으세요.

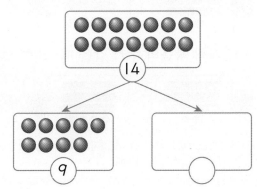

14

9

7 그림을 보고 □ 안에 알맞은 수를 써넣으세요.

➡ 10개씩 묶음 ▢ 개이므로 ▢ 입니다.

8 그림을 보고 □ 안에 알맞은 수나 말을 써넣으세요.

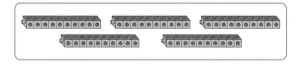

➡ 10개씩 묶음 ▢ 개는 ▢ 이라 쓰고

▢ 또는 ▢ 이라고 읽습니다.

서술형

9 지현이가 잘못 말한 부분을 바르게 고쳐 보세요.

지현: 마흔은 10개씩 묶음 3개입니다.

_____

_____

10 □ 안에 알맞은 수를 써넣으세요.

▢ 은 10개씩 묶음 3개와 낱개 6개입니다.

11 달걀이 10개씩 묶음 4개와 낱개 7개가 있습니다. 달걀은 모두 몇 개일까요? ( )

① 17개 ② 27개 ③ 37개
④ 47개 ⑤ 49개

12 그림을 보고 □ 안에 알맞은 수를 써넣으세요.

➡ 10개씩 묶음 ▢ 개와 낱개 ▢ 개는

▢ 입니다.

13 그림이 나타내는 수를 두 가지 방법으로 읽어 보세요.

읽기 _____ , _____

14 과일 상자에 들어 있는 귤은 스물다섯 개이고 곶감은 서른네 개입니다. □ 안에 알맞은 수를 써넣으세요.

귤: □ 개, 곶감: □ 개

15 순서에 맞게 빈 곳에 알맞은 수를 써넣으세요.

27 ── 28 ── ── ── 31

서술형

16 연우, 경아, 창일, 상철이는 은행에서 번호표를 순서대로 뽑았습니다. 연우의 번호표가 37번이라면 상철이가 뽑은 번호표는 몇 번인지 풀이 과정을 쓰고 답을 구하세요.

_____

_____

_____

( )번

17 빈 곳에 알맞은 수를 써넣으세요.

1만큼 더 작은 수　　　　1만큼 더 큰 수

49

18 그림을 보고 □ 안에 알맞은 수를 써넣고, 알맞은 말에 ○표 하세요.

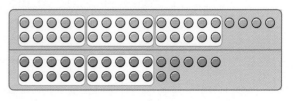

34는 □ 보다 (큽니다 , 작습니다).

19 주어진 수 중에서 가장 큰 수를 찾아 기호를 쓰세요.

| ㉠ 스물넷 | ㉡ 서른둘 | ㉢ 사십오 |

( )

서술형

20 진호는 종이학을 29개 모았고 지수는 27개 모았습니다. 종이학을 더 많이 모은 사람은 누구인지 풀이 과정을 쓰고 답을 구하세요.

_____

_____

_____

( )

1 동물원에 도착해서 동물 극장에서 물개쇼를 관람하려고 합니다. 기태와 유빈이 사이에 있는 의자의 번호표가 찢어져 있습니다. 찢어진 번호표는 몇 번일까요?

(   )번

동물원의 의자에 번호표를 순서대로 써 보아요.

2 아람이는 교실 책꽂이에 동물시리즈 책을 순서대로 꽂으려고 합니다. 다음 두 책 사이에 꽂아야 하는 책의 번호를 모두 쓰세요.

(   )번

29번부터 33번까지의 수를 순서대로 세어 보아요.

출제 예상 문제 분석

봄, 여름

봄

단원명	주요 출제 내용	출제 빈도	공부한 날
1. 학교에 가면	• 학교생활에 필요한 규칙과 약속을 정해서 지키기	★★★★★	월 일
	• 학교 안과 밖, 교실을 둘러보면서 위치와 학교생활 모습 알아보기	★★★★★	
	• 여러 친구의 다양한 특성을 이해하고 친구와 잘 지내는 방법 알아보기	★★★	
	• 친구와 친해질 수 있는 놀이하기	★★★★	
	• 다양한 방법으로 교실 꾸미기	★★★	
2. 도란도란 봄 동산	• 봄에 볼 수 있는 동식물을 소중히 여기고 보살피기	★★★★	월 일
	• 봄이 되어 볼 수 있는 다양한 동식물을 찾아보기	★★★★★	
	• 봄에 씨앗이나 모종을 심어 기르면서 식물이 자라는 모습 관찰하기	★★★★★	
	• 봄에 볼 수 있는 동식물을 다양하게 표현하기	★★★	
	• 여러 가지 놀이나 게임을 하면서 봄 나들이 즐기기	★★★★	

여름

단원명	주요 출제 내용	출제 빈도	공부한 날
1. 우리는 가족입니다.	• 가족 및 친척 간에 지켜야 할 예절을 실천하기	★★★★★	월 일
	• 우리 가족의 특징을 조사하여 소개하기	★★★★	
	• 나와 가족, 친척의 관계를 알고 친척과 함께 하는 행사나 활동 조사하기	★★★★★	
	• 가족 구성원이 하는 역할을 고려하여 고마운 마음을 작품으로 표현하기	★★★★	
	• 가족이나 친척이 함께 한 일을 다양한 방법으로 표현하기	★★★	
2. 여름 나라	• 여름철의 에너지 절약 수칙을 알고 습관화하기	★★★★★	월 일
	• 여름 날씨의 특징과 주변의 생활 모습을 관련짓기	★★★★	
	• 여름에 사용하는 생활 도구의 종류와 쓰임 조사하기	★★★★★	
	• 여름의 모습과 느낌을 창의적으로 표현하기	★★★	
	• 여름에 사용하는 생활 도구를 여러 가지 방법으로 표현하기	★★★★	

1. 학교에 가면

우리들은 1학년
① 학교: 예 생각했던 학교와 지금의 학교가 비슷합니다.
② 친구: 예 유치원 친구들과 다 만날 줄 알았는데 새롭게 알게 된 친구가 많습니다.
③ 선생님: 예 유치원 선생님과 비슷할 거라고 생각했습니다.

학교 가는 길
① 학교 주변에 있는 여러 곳의 역할 예
→ 편의점, 놀이터, 버스 정류장 등도 볼 수 있습니다.

문구점	학습 준비물이나 학교생활에 필요한 물건을 파는 곳
지구대 (경찰서)	어린이들과 주변 마을 사람들이 안전하게 살아갈 수 있도록 도움을 주는 곳
주민 센터	어린이들과 마을 사람들의 생활에 필요한 일을 처리하거나 문화생활을 할 수 있도록 도움을 주는 곳

② 학교 주변에 있는 횡단 시설➊: 육교, 횡단보도 등이 있습니다.
→ 횡단보도에서 초록불이 깜빡일 때에는 건너지 말고 다음 신호를 기다립니다.

운동장에서
① 우리 학교 운동장에 있는 것: 국기 게양대, 교문, 분리수거장, 수돗가, 운동장, 모래밭, 놀이 기구 등이 있습니다.
② 고양이와 쥐 놀이
  • 고양이 술래가 쥐 술래를 잡으러 쫓아갑니다.
  • 도망가던 쥐 술래는 잡힐 것 같으면 아무 짝이나 찾아가 팔짱을 낍니다. 그러면 반대편에서 팔짱을 끼고 있던 학생이 쥐 술래가 되어 팔짱을 풀고 도망가야 합니다.

이런 교실도 있어요
① 학교 안 각 교실에서 하는 일 예
급식실, 과학실, 도서관, 방송실, 음악실, 컴퓨터실, 체육관, 미술실 등도 있습니다.

교무실	교감 선생님과 여러 선생님이 일하시는 곳
보건실	아픈 곳이나 다친 곳을 치료하는 곳
돌봄 교실	학교 수업이 끝난 후에 돌봄 선생님과 함께 여러 가지 활동이나 공부를 하는 곳

② 학교의 여러 교실을 둘러볼 때 지켜야 할 규칙
  • 복도에서는 조용히 이동하고, 친구와 장난치지 않습니다.
  • 한 줄로 서서 차례를 지키며 오른쪽으로 걷습니다.
  • 다른 교실에 있는 물건들을 함부로 만지지 않습니다.

✛ 학교 놀이 기구 예

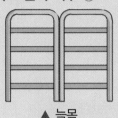
▲ 늑목

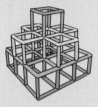
▲ 정글짐

✛ 학교 안 여러 교실의 이름과 하는 일
• 급식실: 점심 식사를 하는 곳
• 과학실: 실험이나 관찰을 하는 곳
• 도서관: 책을 읽거나 빌릴 수 있는 곳
• 미술실: 그림을 그리거나 작품을 만드는 곳
• 방송실: 학교 방송을 하는 곳
• 음악실: 노래를 부르거나 악기를 연주하는 곳
• 컴퓨터실: 컴퓨터를 이용해 공부하는 곳
• 체육관: 실내에서 운동을 할 때 이용하는 곳

낱말 풀이
➊ 육교 번잡한 도로나 철로 위를 사람들이 안전하게 다닐 수 있게 공중으로 건너질러 놓은 다리
➋ 우측통행 길을 갈 때 오른쪽으로 감.

친구야, 안녕
① 학교에 갈 때: "어머니, 학교 다녀오겠습니다."
② 학교에서 새로운 친구를 만날 때: "안녕, 만나서 반가워."

약속을 해요
① 학교에서 지켜야 할 약속 **예**
  • 복도에서 뛰지 않고, **②**우측통행을 합니다.
  • 선생님과 친구들을 만나면 반갑게 인사합니다.
② 규칙이나 약속을 지키면 좋은 점 **예** • 음식을 골고루 먹으면 건강해집니다.
  자기 물건을 스스로 정리하면 보기도
  좋고 부모님이 힘들지 않습니다.
  • 질서를 지키면 다치지 않고 안전합니다.
  • 여러 사람이 있는 곳에서 시끄럽게 하지 않으면 많은 사람들이
   즐겁고 편안하게 지낼 수 있습니다.
③ 약속 나무 만들기: 종이에 손바닥을 대고 모양 그리기 ➡ 손바닥
  모양에 색칠하고 오리기 ➡ 다짐의 나무줄기 그림에 손바닥 그
  림 붙이기

친해지고 싶어요
① 짝에게 궁금한 점을 알아보기
  • 좋아하는 색깔, 과일, 음식, 기르고 싶은 동물 등을 물어봅니다.
  • 짝에 대해 알게 된 점을 이야기합니다.
② 막대 인형 놀이
  • 교과서 카드에 짝 얼굴을 그립니다.
  • 짝의 얼굴을 그린 종이 뒷면에 나무젓가락을 붙입니다.
  • 모둠 친구들과 막대 인형을 가지고 자연스럽게 대화를 나눕니다.

어깨동무해요
① '어깨동무' 노래의 노랫말을 듣고 떠오르는 장면을 이야기합니다.
② 한 소절씩 친구들과 메기고 받으며 노래를 부릅니다. **예** 메기기:
  동무 동무 어깨동무 / 받기: 어디든지 같이 가고

우리 교실을 꾸며요
① 학교에서 본 것을 여러 가지 방법으로 표현합니다.
② 친구의 작품을 보고 잘된 점을 칭찬합니다.
③ 작품을 모아 게시판을 꾸밉니다. • 나와 다르게 표현한 점, 재미
  있는 점 등을 이야기합니다.
④ 교실을 꾸미고 느낀 점을 이야기합니다.

봄

바로바로 체크

1 학교 가는 길에 해야 할 행동
으로 바른 것은 ○표, 바르지
않은 것은 ✕표 하세요.
⑴ 자동차 사이로 지나갑니
   다.   (   )
⑵ 횡단보도에서 신호등이
   초록색일 때 길을 건넙니
   다.   (   )

2 달리기, 공놀이, 줄넘기 등
을 할 수 있는 곳은 학교에
서 어느 곳인지 [보기]에
서 골라 쓰세요.

[보기]
• 교문   • 분리수거장
• 운동장 • 수돗가

(   )

3 학교에서 배가 아플 때에는
☐☐☐에 갑니다.

4 다음 전래 동요의 제목을
쓰세요.

동	무동	무어	깨동무
어디	든	지같	이가고
동	무동	무어	깨동무
언제	든	지같	이놀고

(   )

◆ 정답
1. ⑴ ✕ ⑵ ○   2. 운동장
3. 보건실   4. 어깨동무

1 다음은 1학년인 재경이가 학교에 가기 전에 가졌던 생각입니다. 무엇에 대한 생각인가요? (   )

> • 공부를 하는 곳이라고 생각했다.
> • 많은 친구들을 사귈 수 있는 곳이라고 생각했다.

① 친구   ② 선생님
③ 병원   ④ 놀이터
⑤ 학교

2 학교 주변의 모습 중 다음에서 설명하는 곳은 어디인가요? (   )

> • 어린이들과 주변 마을 사람들이 안전하게 살아갈 수 있도록 도움을 주는 곳이다.

① 놀이터   ② 문구점
③ 지구대   ④ 주민 센터
⑤ 버스 정류장

잘 틀려요

3 학교 주변의 횡단 시설을 이용하는 모습으로 바르지 <u>않은</u> 것은 어느 것인가요?
(   )

① 인도에서는 안쪽으로 다닌다.
② 자동차 사이로는 다니지 않는다.
③ 횡단보도에서는 우선 멈추고, 좌우를 살핀다.
④ 조금 멀더라도 육교나 지하도 등을 이용한다.
⑤ 횡단보도에서 초록불이 깜박일 때는 재빨리 건넌다.

4 다음은 학교를 오고갈 때 안전하게 길을 건널 수 있게 도와주는 것입니다. 무엇인지 쓰세요.

(   )

중요

5 학교 건물 밖의 시설 중 **보기** 에서 설명하는 것과 관계있는 곳은 어디인가요? (   )

보기
> • 달리기, 공놀이, 줄넘기 등을 할 수 있다.

① 교문   ② 운동장
③ 수돗가   ④ 분리수거장
⑤ 생태 학습장

6 학교에 있는 놀이 기구 중 손으로 매달려서 끝까지 건너는 것은 무엇인가요? (   )

①   ②   ③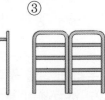

④   ⑤

7 학교 안을 둘러보는 모습으로 바른 것은 어느 것인가요? (　　)

① 복도에서는 조용히 이동한다.
② 친구와 신나게 뛰며 이동한다.
③ 한 줄로 서서 왼쪽으로 걷는다.
④ 새로운 교실에 가면 물건들을 만져 본다.
⑤ 학교에서 일하시는 선생님을 보면 숨는다.

8 다음과 같은 물건과 관계있는 곳은 학교의 특별한 교실 중 어디인가요? (　　)

① 과학실　　　② 미술실
③ 음악실　　　④ 방송실
⑤ 체육관

9 학교 안에 있는 특별한 교실의 이름과 교실에서 하는 일을 바르게 선으로 이으세요.

(1) 도서관　•

　•㉠ 책을 읽거나 빌리는 곳

(2) 돌봄 교실　•

　•㉡ 학교 수업이 끝난 후에 돌봄 선생님과 활동하는 곳

서술형

10 학교에서 급식실을 이용하는 바른 행동을 한 가지 쓰세요.

_____

11 다양한 상황에서의 인사말로 바르지 않은 것은 어느 것인가요? (　　)

① 하교할 때: "선생님, 안녕히 가세요."
② 길에서 어른을 만났을 때: "안녕하세요."
③ 학교갈 때: "어머니, 학교 다녀오겠습니다."
④ 급식실에서 배식 받을 때: "감사합니다. 잘 먹겠습니다."
⑤ 학교에서 새로운 친구를 만났을 때: "안녕, 만나서 반가워."

12 '안녕' 노래를 부르며 인사 놀이를 할 때 빈 칸에 들어갈 노랫말은 무엇인지 쓰세요.

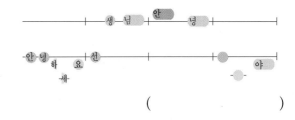

(　　　　　)

서술형

13 인사를 하면 좋은 점은 무엇인지 한 가지 쓰세요.

_____

14 학교에서 지켜야 할 약속으로 바르지 않은 것은 무엇인가요? (　　)

① 복도에서 뛰지 않는다.
② 선생님께 인사를 잘한다.
③ 복도에서 좌측통행을 한다.
④ 쓰레기를 분류해서 버린다.
⑤ 어려움에 빠진 친구를 도와준다.

15 약속 나무를 만드는 방법입니다. 순서대로 기호를 쓰세요.

> ㉠ 손바닥 모양으로 오린다.
> ㉡ 종이에 손바닥을 대고 모양을 그린다.
> ㉢ 손바닥 모양을 색연필, 사인펜, 크레파스 등으로 색칠한다.
> ㉣ 약속 나무줄기 그림에 손바닥 그림을 붙인다.

(   )

16 짝과 친해지기 위한 방법으로 알맞지 <u>않은</u> 것은 어느 것인가요? (   )

① 항상 친절하게 대한다.
② 짝을 만나면 반갑게 인사를 한다.
③ 짝에게 어려운 일이 생기면 도와준다.
④ 짝의 나쁜 점을 다른 친구에게 말한다.
⑤ 짝이 준비물을 가져오지 못하면 함께 나누어 쓴다.

17 막대 인형 놀이를 하면서 친구에게 궁금한 점을 물어본 내용으로 알맞지 <u>않은</u> 것은 어느 것인가요? (   )

① 어디에 사니?
② 몸무게가 얼마니?
③ 좋아하는 과일이 무엇이니?
④ 가장 좋아하는 음식은 무엇이니?
⑤ 가장 재미있게 읽은 동화책은 무엇이니?

❀ 전래 동요를 보고 물음에 답하세요. [18~19]

동		무	동		무	어		깨	동	무

어	디		든		지	같		이	가	고

동		무	동		무	어		깨	동	무

언	제		든		지	같		이	놀	고

18 위 노래의 제목은 무엇인가요? (   )

① 짝   ② 친구
③ 학교   ④ 동무 동무
⑤ 어깨동무

19 위 노래를 부를 때 오른쪽과 같이 손뼉을 치는 동작을 해야 하는 노랫말을 모두 고르세요.

(,   )

① 동무
② 어깨
③ 어디
④ 같이
⑤ 가고

20 학교 운동장에 있는 여러 가지 시설을 종이에 그리거나 종이접기로 표현할 때 알맞지 <u>않은</u> 것은 어느 것인가요? (   )

① 그네   ② 시소
③ 신호등   ④ 미끄럼틀
⑤ 축구 골대

1 다음과 같은 친구들에게 말해 주고 싶은 규칙이나 약속을 한 가지씩 쓰세요.

(1)

_____

(2)

_____

(3)

_____

(4)

_____

■ **우리 반에서 지키면 좋은 약속 예**

- 물을 아껴 씁니다.
- 어려움에 빠진 친구를 도와줍니다.
- 선생님께 인사를 잘합니다.
- 도서실에서 조용히 합니다.
- 재활용품은 따로 분류해서 버립니다.

2 내 친구의 얼굴을 그리고 친구를 소개하는 글을 쓰세요.

_____

_____

_____

■ **친구를 소개할 때**

친구가 좋아하는 곤충, 동물, 색깔, 기르고 싶은 동물, 학교가 끝나면 하는 일 등을 소개합니다.

2. 도란도란 봄 동산

▲ 유채

▲ 서양수수꽃다리

❖ 루페

❖ 나무가 주는 이로움

• 맑은 공기를 줍니다.
• 나무로 여러 제품을 만들어 사용합니다.
• 비가 많이 올 때 홍수가 나지 않게 해 줍니다.

낱말 풀이

❶ **루페** 눈으로 볼 수 없는 물체의 자세한 부분을 볼 수 있는 볼록 렌즈
❷ **속도** 물체의 빠르기
❸ **지탱** 오래 버티는 것
❹ **일회용품** 한번만 쓰고 버리도록 되어 있는 물건

🍃 봄이 왔어요

① 벌과 나비가 날아다닙니다.
② 앙상했던 나뭇가지에서 새순이 돋아납니다.
③ 겨울에 잠을 자던 동물들이 봄이 되면 깨어납니다.
④ 얼었던 땅이 녹고 새싹이 돋아 꽃이 핍니다.
　　　　　　　　　　└➤ 개구리, 뱀, 곰 등

🍃 봄 친구들을 만나요

① 돋보기나 루페를 이용하여 자세히 관찰합니다.
② 목련, 개나리, 진달래, 민들레, 등과 같은 식물을 볼 수 있습니다.
③ 나비, 달팽이, 벌, 개미, 개구리 등과 같은 동물을 볼 수 있습니다.
　　　　　　└➤ 아주 작은 꽃과 벌레를 관찰할 수 있습니다.

🍃 봄아! 반가워

① 노래를 부르며 여러 가지 모양의 길을 걸어 봅니다.
② 앞, 뒤, 옆으로 방향을 다르게 하여 빠르게 걸어 봅니다.
③ 속도를 다르게 하거나 동물의 걸음걸이를 흉내 내며 걸어 봅니다.

🍃 봄을 따라 해요

① 물 흐르는 소리: 물을 담은 병을 흔들어 소리를 냅니다.
② 새소리: 종이 등을 여러 가지 방법으로 찢어서 소리를 냅니다.
③ 개구리 울음소리: 볼을 부풀렸다 줄였다 하면서 소리를 냅니다.

🍃 봄 동산에 사는 친구들

① 종이컵, 색종이, 골판지를 이용하여 꽃을 만듭니다.
② 휴지 심이나 요구르트 병을 이용하여 벌과 나비를 만듭니다.
③ 작은 색 솜과 종이접기로 애벌레를 만듭니다.
④ 손바닥 도장과 손도장을 찍어 나비, 새 등을 만듭니다.

🍃 생명은 소중해요

① 한번 잃어버린 생명은 다시 찾을 수도 없고, 다른 것으로 대신할 수도 없기 때문에 생명을 소중히 여겨야 합니다.
② 생명이 있는 것은 모두 귀하기 때문에 소중히 여겨야 합니다.

🍃 씨앗을 심어요

① 화분 아래에 자갈을 깝니다. ➡ 준비한 흙을 담고 씨앗을 심습니다. ➡ 흙으로 덮어 줍니다. ➡ 물을 듬뿍 주고 이름표를 꽂습니다.
　　　　　　　　　　　　　　　　　　　└➤ 이름표에는 씨앗 이름과 심은 날짜 등을 적습니다.

🍃 새싹과 친구가 되어

① 새싹에게 물을 주고, 새싹과 이야기를 나눕니다.
② 새싹에게 관심을 갖고 보살펴 줍니다.
③ 새싹에게 이름을 지어 주고 이름표를 붙여 줍니다.

🌱 싹이 자라요
● 손가락, 막대, 실 등으로 새싹의 길이를 잴 수 있습니다.
① 잠자던 씨앗이 땅속에 뿌리를 내립니다.
② 씨앗이 흙 위로 싹을 틔웁니다.
③ 줄기와 잎이 생기고 꽃이 핍니다.
④ 꽃이 지고 열매를 맺으며 새로운 씨앗을 만듭니다.

🌱 새싹과 꽃
① 새싹과 꽃이 자라는 모습을 표현해 봅니다.
② 새싹과 꽃이 자라는 모습을 이야기로 만들어 역할놀이를 합니다.

🌱 우리가 도와줄게
① 해: 새싹과 꽃이 따뜻하게 지내도록 도와줍니다.
② 물: 새싹과 꽃이 목마르지 않도록 해 줍니다.
③ 흙: 뿌리를③ 지탱해 주고, 물과 양분으로 자랄 수 있게 해 줍니다.

🌱 나무야, 사랑해
● 연필로 장난치지 않는 것도 나무로 만든 제품을 소중하게 다루는 방법입니다.
① 나무가 주는 이로움을 알아봅니다.
② 나무로 만든 제품을 소중하게 다루는 방법: 예 책상을 소중히 다룹니다. 작은 연필도 아껴 씁니다.

🌱 조물조물 봄과 놀기
① 땅바닥에서 하는 놀이: 땅바닥에 그림 그리기, 땅따먹기
② 모래에서 하는 놀이: 모래 놀이 ● 클립이 자석에 붙는 성질을 이용한 놀이입니다.
③ 꽃과 풀로 하는 놀이: 풀피리 불기, 나뭇잎 물고기 놀이, 소꿉놀이
④ 돌멩이로 하는 놀이: 작은 돌로 모양 꾸미기, 공기놀이, 비석 치기

🌱 약속해요
① 쓰레기를 쓰레기통에 버리지 않고④ 일회용품을 많이 사용하기 때문에 자연 환경이 오염됩니다.
② 깨끗한 자연환경을 만들기 위한 노력: 쓰레기를 함부로 버리지 않기, 일회용품을 사용하지 않기, 재활용품을 다시 사용하기

🌱 봄놀이 가요
① 봄놀이를 할 때 규칙을 잘 지킵니다.
② 이기고 지는 것보다 친구들과 재미있게 놀이하는 것이 더 중요합니다.

🌱 봄놀이 다녀왔어요
① 봄놀이에서 인상적이고 즐거웠던 장면을 표현합니다.
② 봄놀이 모습을 표현하는 방법: 종이 찢어 붙이기, 그려서 오려 붙이기, 고무찰흙으로 만들기, 문지르기

---

1 봄에 볼 수 있는 모습을 모두 골라 기호를 쓰세요.

> ㉠ 시냇물이 꽁꽁 얼어 있다.
> ㉡ 새싹이 여기저기에서 보인다.
> ㉢ 아파트 화단에 목련이 예쁘게 피어 있다.

(   )

2 다음과 같은 봄꽃의 이름은 무엇인지 쓰세요.

(   )

3 새싹이 잘 자라기 위해 필요한 것 중 뿌리를 지탱해 주고, 물과 양분으로 새싹이 잘 자랄 수 있게 해 주는 것은 (해, 물, 흙)입니다.

4 작은 돌로 모양 꾸미기, 공기놀이 등은 [   ]을 이용한 놀이입니다.

▶ 정답

1. ㉡, ㉢　2. 개나리　3. 흙
4. 돌

봄

1 봄이 온 것을 알려 주는 모습이 <u>아닌</u> 것은 어느 것인가요? (　　)

① 새싹이 돋고 꽃이 핀다.
② 나뭇가지에 작은 싹이 돋는다.
③ 얼었던 시냇물이 녹아서 흐른다.
④ 초록색 나뭇잎이 빨갛게 변한다.
⑤ 겨울잠을 자던 동물들이 깨서 움직인다.

2 봄에 볼 수 있는 모습은 어느 것인지 기호를 쓰세요.

ㄱ 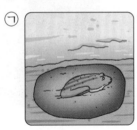 ㄴ

(　　　　　　)

3 봄 친구들을 관찰하는 태도로 바르지 <u>않은</u> 것은 어느 것인가요? (　　)

① 새싹을 밟지 않는다.
② 꽃이나 나무를 꺾지 않는다.
③ 잎이나 열매를 직접 맛본다.
④ 함부로 냄새를 맡거나 만지지 않는다.
⑤ 눈으로 색깔이나 크기, 모양 등을 관찰한다.

서술형

4 식물 카드를 비슷한 것끼리 모아 보았습니다. 기준은 무엇인지 쓰세요.

✿악보를 보고 물음에 답하세요. [5~6]

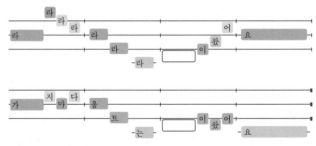

5 위 악보의 빈칸에 공통으로 들어갈 노랫말을 쓰세요.

(　　　　　　)

중요

6 오른쪽은 봄에 볼 수 있는 동물 중 어떤 동물을 흉내 낸 것인가요? (　　)

① 곰　　② 벌
③ 뱀　　④ 제비
⑤ 개구리

7 비 오는 소리를 표현하는 모습은 어느 것인지 ○표 하세요.

(1)

(2)

(   )   (   )

8 봄 동산에서 볼 수 있는 꽃을 색종이로 만들었습니다. 만든 꽃은 무엇인가요? (   )

> • 노란색 색종이로 꽃잎을 여러 겹 만든다.
> • 색종이로 줄기와 잎사귀를 만든 후 꽃 아래에 붙인다.

① 목련   ② 벗나무
③ 철쭉   ④ 진달래
⑤ 민들레

9 소중한 생명을 지키는 마음과 관련된 놀이를 하는 모습입니다. 작은 생명들을 조심조심 옮기는 놀이는 어느 것인지 기호를 쓰세요.

㉠

㉡

(   )

10 오른쪽은 어떤 식물의 씨앗인가요? (   )

① 상추
② 고추
③ 샐비어
④ 봉숭아
⑤ 나팔꽃

11 씨앗을 화분에 심을 때 필요한 준비물이 아닌 것은 무엇인가요? (   )

① 흙   ② 자갈
③ 돋보기   ④ 모종삽
⑤ 물뿌리개

12 '쑥쑥 자라라' 노래의 일부분입니다. 빈칸에 들어갈 노랫말은 무엇인가요? (   )

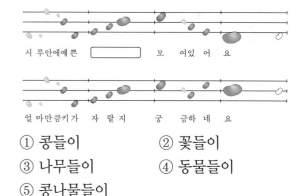

시 루안에예쁜 [   ] 모 여있어요

얼마만큼키가 자랄지 궁 금하네요

① 콩들이   ② 꽃들이
③ 나무들이   ④ 동물들이
⑤ 콩나물들이

잘 틀려요

13 식물이 자라는 모습을 관찰할 때 다음 도구를 이용하여 무엇을 알 수 있나요? (   )

> 손가락, 실, 막대

① 잎의 수   ② 잎의 모양
③ 꽃의 모양   ④ 식물의 길이
⑤ 열매의 개수

14 새싹과 꽃을 몸으로 표현하는 방법입니다. 순서대로 기호를 쓰세요.

> ㉠ 역할을 정한다.
> ㉡ 이야기를 만든다.
> ㉢ 친구들과 함께 표현한다.

( )

15 새싹이 잘 자라도록 해와 물이 도와주는 것은 무엇인지 선으로 바르게 이으세요.

(1)  ・

・㉠ 새싹이 목마르지 않도록 해 준다.

(2)  ・

・㉡ 새싹이 따뜻하게 지내도록 해 준다.

16 새싹이 잘 자라도록 하기 위해서 내가 할 수 있는 일을 한 가지 쓰세요.

_____

_____

17 나무를 아끼고 사랑하는 모습으로 바르면 ○표, 바르지 않으면 ×표를 하세요.

(1) 연필심을 부러뜨립니다. ( )
(2) 책상을 함부로 사용합니다. ( )
(3) 화장실 두루마리 휴지는 사용할 만큼만 사용합니다. ( )

18 풀피리 불기 놀이를 한 후에 느낀 점을 말한 것으로 알맞은 것은 무엇인가요? ( )

① "나뭇잎 물고기가 신기해."
② "풀에서 소리가 나는 것이 신기해."
③ "모래로 하는 놀이는 너무 재미있어."
④ "친구들과 함께 하는 소꿉놀이는 재미있어."
⑤ "꽃반지를 만들어서 껴 보니 공주가 된 것 같아."

19 봄나들이 장소에서 자연을 보호하는 행동이 아닌 것은 어느 것인지 ×표 하세요.

(1)

( )

(2)

( )

20 다음과 같은 놀이를 할 때 필요한 것은 무엇인가요? ( )

① 보물   ② 의자
③ 수건   ④ 고무줄
⑤ 모자

1 봄에 학교 주변에서 볼 수 있는 친구들입니다. 동물과 식물로 나누어 이름을 쓰세요.

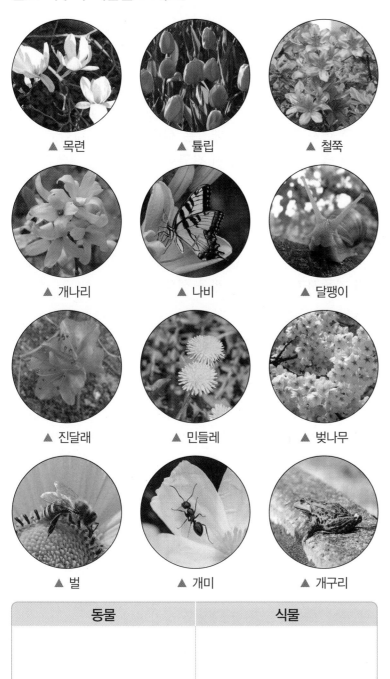

▲ 목련 　 ▲ 튤립 　 ▲ 철쭉

▲ 개나리 　 ▲ 나비 　 ▲ 달팽이

▲ 진달래 　 ▲ 민들레 　 ▲ 벚나무

▲ 벌 　 ▲ 개미 　 ▲ 개구리

동물	식물

2 씨앗을 화분에 심을 때 가장 먼저 하는 일은 무엇인지 쓰세요.

_____

■ 봄에 볼 수 있는 친구들을 비슷한 것끼리 무리 지어 보기 예

• 동물과 식물에 따라
• 색깔에 따라
• 식물의 경우 꽃잎의 모양에 따라

■ 씨앗을 화분에 심는 방법

• 씨앗, 흙, 자갈, 물뿌리개, 모종삽, 장갑 등이 필요합니다.
• 화분에 흙을 담기 전에 먼저 해야 할 일을 생각해 봅니다.

봄

1. 우리는 가족입니다.

❖ 가족 소개 카드

이름: 장수지
부르는 말: 외숙모
특징: 긴 머리카락
취미: 피아노

- 도화지를 반으로 접어 두 번 잘라 네 장을 만듭니다.
- 그중 한 장의 윗부분에 가족의 얼굴을 그립니다.
- 아랫부분에 가족을 부르는 말과 이름, 특징을 적습니다.

❖ 리듬 악기 주법

▲ 소고

▲ 캐스터네츠

✎ 낱말 풀이

❶ **구성원** 어떤 조직이나 단체를 이루고 있는 사람들

❷ **소고** 양면을 가죽으로 메우고 나무 채로 쳐서 소리내는 악기

❸ **예절** 존경의 뜻을 표하기 위한 절차나 질서

✐ 가족사진을 살펴봐요
① 사진 속 가족의 모습을 찾아봅니다.
② 사진 속에서 알 수 있는 가족의 행사: 예 가족 여행, 할아버지 생신

✐ 우리가 상상한 가족사진
① 신문이나 잡지에서 어울리는 인물을 찾고 오려 냅니다.
② 오려 낸 인물을 이용하여 상상한 가족사진을 구성합니다.
③ 가족 행사가 드러나게 배경은 색연필로 꾸밉니다.
④ 사진 속 인물이 누구인지 간단하게 적습니다.
　　　　　　　　• 예 요리를 잘하는 엄마, 친절한 고모

✐ 가족사진 어때요
① 전체 사진에 대한 설명을 합니다.
② 가족사진에 등장한 각 가족 구성원❶에 대하여 설명합니다.
③ 가족사진 만들기를 할 때 각자가 맡았던 역할을 설명하거나, 우리 가족사진만의 좋은 점을 설명합니다.

✐ 누구랑 찍었나요
① 친척과 있었던 일을 이야기합니다. 예 이모 결혼식에서 친척끼리 사진을 찍었어요.
② 나의 친척을 알아봅니다. 예 가장 친한 친척, 자주 연락하고 함께 지내는 친척, 나와 같은 또래로 함께 놀 수 있는 친척
③ 친척 호칭 맞히기 놀이를 합니다. 예 아버지의 아버지는 할아버지, 어머니의 여동생은 이모

✐ 가족 말판 놀이를 해요
① 주사위 숫자가 나온 만큼 자신의 말을 옮깁니다.
② 해당하는 칸의 문제를 풀고, 임무 수행 칸에 오면 임무를 수행합니다.

✐ 가족 소개 카드를 만들어요
　　　　　　　　→ 소개 카드를 만들기 전에 소개 카드에 들어갈 내용, 소개하고 싶은 가족을 정하고, 가족의 표정과 특징을 생각합니다.
① 소개할 사람과 소개할 내용을 정합니다.
② 카드를 꾸밉니다. ── → 밑그림을 그리고 가족 얼굴을 완성한 다음 가족 소개 카드 내용을 적습니다.

✐ 가족과 함께 달려요
① 가족 역할을 정합니다.
② 같은 역할끼리 달리거나 함께 달려도 됩니다.

✐ 가족을 그렸어요
① 밑그림을 그리고 색연필, 사인펜 등으로 색칠한 후 오립니다.
② 내가 그린 가족을 전시합니다.
③ 내가 그린 가족 구성원을 보여 주며 특징을 소개합니다.

우리 집은 웃음바다

① ❷소고: 소고는 왼손, 소고 채는 오른손으로 쥡니다.

② 트라이앵글: 일반적으로 밑변 가운데 부분을 가볍게 칩니다.
→ 자기 몸과 평행이 되도록 잡습니다.

이런 일이 떠올라요

→ 할머니 생신, 친척 결혼식 등

① 가족과 함께했던 즐거운 일을 생각합니다.

② 가족과 함께했던 즐거운 일을 그림으로 표현합니다.

함께해서 좋아요

① 가족 행사를 조사합니다. → 대표적인 가족 행사: 결혼식, 설날, 추석, 제사, 환갑 잔치, 칠순 잔치 등이 있습니다.

② 가족 행사표 만들기: 가족 행사 조사하기 ➡ 필요한 재료 준비하기 ➡ 가족 행사표에 행사 적기 ➡ 가족 행사표 연결하기

가족과 함께 놀아요

① '모여라' 놀이: 선생님이 제시한 숫자나 호칭대로 모이는 놀이

② '기차 잇기' 놀이: 옆 친구와 가위바위보를 하여 진 학생은 이긴 학생의 뒤로 가서 허리 부분을 잡고 따라 다니는 놀이

③ '슛 골인' 놀이: 바구니에 콩 주머니를 던져 넣는 놀이

❸ 예절을 지켜요

① 예절을 지켜야 하는 상황: 예 학교에 가거나 다녀왔을 때, 친척 어른들과 함께 있을 때

② 예절을 지키면 서로서로 기분이 좋아집니다.

실천해 봐요

① 모둠을 정하고 역할을 정합니다.

② 준비물을 챙기고 역할에 맞게 놀이를 합니다.

감사의 마음을 전해요

① 가족에게 고마움을 표현하는 방법: 예 카드 만들기, 노래 불러 드리기

② 카드 만들기: 도화지를 반으로 접기 ➡ 친척을 그리고 색칠하기 ➡ 그림을 잘라서 붙이기 ➡ 글을 쓰고 꾸미기

마음을 표현해요

① 가족(친척)을 위해 내가 할 수 있는 일: 예 자주 연락을 드립니다. 자주 찾아뵙니다. 즐겁게 해 드립니다.

② 가족(친척)에게 영상 편지 쓰기: 내용 생각하기 ➡ 내용을 큰 글씨로 쓰기 ➡ 스케치북을 넘기며 말하기

사이좋게 불러요

① 장단을 치며 빠르고 경쾌하게 '우리 형제' 노래를 부릅니다.

② 노랫말을 바꾸어 부릅니다.

---

1 고모는 할아버지와 □□□가 낳은 사람입니다.

2 가족 소개 카드에 들어갈 내용으로 알맞지 않은 것에 × 표 하세요.

(1) 이름　　　　（　　）

(2) 하는 일　　　（　　）

(3) 나쁜 습관　　（　　）

(4) 부르는 말　　（　　）

(5) 좋아하는 음식（　　）

3 가족 달리기를 할 때 가장 먼저 해야 할 일은 무엇인지 기호를 쓰세요.

> ㉠ 함께 달린다.
> ㉡ 가족 역할을 정한다.
> ㉢ 같은 역할끼리 달린다.

（　　　　）

4 다음 악기의 이름은 무엇인지 쓰세요.

（　　　　）

▶ 정답

1. 할머니　2. (3)×　3. ㉡

4. 소고

1 가족사진을 찍어 본 경험을 말한 것으로 바르지 <u>않은</u> 것은 어느 것인가요? (   )

① 친구들과 놀이터에서 사진을 찍었어.
② 할머니 생신에 사촌들과 사진을 찍었어.
③ 이모 결혼식에서 친척들과 사진을 찍었어.
④ 여행을 가서 어머니, 아버지와 사진을 찍었어.
⑤ 1학년 입학식 날 할아버지, 할머니, 어머니, 아버지랑 사진을 찍었어.

잘 틀려요

2 1학년인 철우의 가족사진에 대한 설명으로 바른 것은 어느 것인가요? (   )

① 할머니가 있다.
② 어머니, 아버지, 여동생이 있다.
③ 어머니, 아버지, 할아버지, 동생이 있다.
④ 할머니 생신을 축하하는 날 찍은 사진이다.
⑤ 친척 결혼식에서 가족과 친척이 모두 찍은 사진이다.

3 다음은 상상한 가족사진을 만드는 모습입니다. 가장 먼저 해야 할 일은 어느 것인지 기호를 쓰세요.

> ㉠ 가족 행사가 드러나게 배경을 꾸민다.
> ㉡ 신문이나 잡지에서 어울리는 인물을 찾고 오려 낸다.
> ㉢ 사진 속 인물이 누구인지 간단하게 적는다.
> ㉣ 오려 낸 인물을 이용하여 상상한 가족사진을 구성한다.

(   )

4 가족사진을 만들고 전시회를 할 때, 다음과 같은 역할을 맡은 사람은 누구인지 쓰세요.

> 사진에는 모두 9명의 가족이 있어요. 요리를 잘하시는 어머니, 용돈을 많이 주시는 할아버지, 재밌게 놀아주시는 아버지가 있어요.

> • 동완: 어떤 가족 행사인지 설명한다.
> • 민성: 각 가족 구성원에 대해 설명한다.
> • 영빈: 우리가 만든 가족사진의 좋은 점을 설명한다.
> • 경란: 각자 맡은 역할을 설명한다.

(   )

중요

5 아버지 쪽의 친척을 부르는 말이 <u>아닌</u> 것은 어느 것인가요? (   )

① 이모   ② 고모
③ 사촌   ④ 큰아버지
⑤ 고종사촌

6 이모에 대한 설명이 바른 것을 모두 고르시오.
(,   )

① 여자 친척이다.
② 남자 친척이다.
③ 어머니 쪽 친척이다.
④ 아버지 쪽 친척이다.
⑤ 어머니와 아버지가 낳아주신 분이다.

서술형

7 가족 소개 카드를 만들 때 가장 먼저 해야 할 일은 무엇인지 쓰세요.

_____

8 가족 소개 카드를 만들 때 가족을 그리고 특징을 소개한 것으로 바르지 <u>않은</u> 것은 어느 것인가요? (　　)

① 유현: 우리 아빠는 힘이 세.
② 지유: 우리 할아버지는 키가 크셔.
③ 윤후: 우리 어머니는 항상 웃는 얼굴이셔.
④ 도율: 우리 할머니는 음식을 맛있게 만드셔.
⑤ 하윤: 내 친구 보검이는 화를 잘 내고 고집이 세.

9 오른쪽 악기의 이름은 무엇인지 쓰세요.

(　　　　　　)

10 가족과 함께했던 일을 그리려고 합니다. 알맞은 모습은 어느 것인가요? (　　)

① 담임 선생님께 혼난 일
② 혼자 심부름을 다녀온 일
③ 옆집에 새 친구가 이사 온 일
④ 아버지, 어머니와 여행을 갔던 일
⑤ 친구와 함께 놀이터에서 놀았던 일

11 다음은 가족과 함께한 일 중 어떤 모습을 그린 것인가요? (　　)

① 동생 돌잔치　　② 결혼식
③ 할머니 생신　　④ 삼촌의 집들이
⑤ 가족과 함께 간 여행

12 가족 행사 중 할아버지의 61세 생신을 축하하는 날은 무엇인가요? (　　)

① 생일　　　　② 제사
③ 추석　　　　④ 설날
⑤ 환갑 잔치

중요

13 가족 행사표를 만드는 순서대로 기호를 쓰세요.

┌─────────────────────────┐
│ ㉠ 가족 행사표를 연결한다.   │
│ ㉡ 가족 행사를 조사한다.   │
│ ㉢ 필요한 재료를 준비한다.   │
│ ㉣ 가족 행사표에 행사를 적는다.   │
└─────────────────────────┘

(　　　　　　　)

잘 틀려요

14 다음은 어떤 놀이를 하는 모습인지 보기 에서 골라 기호를 쓰세요.

┌─ 보기 ──────────────┐
│ ㉠ '모여라' 놀이   │
│ ㉡ '기차 잇기' 놀이   │
│ ㉢ '숫 골인' 놀이   │
└─────────────────────┘

(　　　　　　　)

여름 89

15 앞 14번과 같은 놀이를 하기 전에 해야 하는 일은 무엇인가요? (   )

① 준비 운동을 한다.
② 두꺼운 옷을 입는다.
③ 노래를 크게 부른다.
④ 가만히 앉아 있는다.
⑤ 친구들과 이야기를 나눈다.

16 우리 집에 오신 고모가 돌아가실 때의 상황입니다. 바르지 못한 행동을 고쳐 쓰세요.

> 거실에 함께 모여 과일을 먹고 있다.
> 고모: (일어서며) "오늘 정말 잘 먹고 갑니다."
> 어머니: (함께 일어서며) "벌써 가시게요?"
> 고모: "언니도 쉬셔야죠. 갈게요."
> 나 : (자리에 앉아 과일을 먹으며) "안녕히 가세요."

_____

_____

17 어른들께 하는 행동으로 바르지 **않은** 것은 어느 것인가요? (   )

① 높임말을 사용한다.
② 어른이 가실 때는 앉아서 인사한다.
③ 어른이 먼저 식사 후에 내가 먹는다.
④ 어른을 만나면 고개를 숙여 인사한다.
⑤ 어른이 먼저 전화 끊은 것을 확인하고 끊는다.

18 젓가락 잡는 방법으로 바른 것은 어느 것인지 기호를 쓰세요.

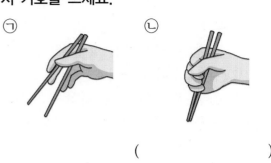

ㄱ   ㄴ

(   )

19 가족을 위해 내가 할 수 있는 일이 **아닌** 것은 무엇인가요? (   )

① 꼭 안아드린다.
② 용돈을 드린다.
③ 즐겁게 해 드린다.
④ 동생과 사이좋게 지낸다.
⑤ 해주신 음식을 맛있게 먹는다.

20 다음은 전래 동요의 일부분입니다. 제목은 무엇인가요? (   )

우	물	가	엔	나	무	형	제

하	늘	에	는	별	이	형	제

① 어머니   ② 아버지
③ 할아버지   ④ 할머니
⑤ 우리 형제

1 친척을 부르는 말을 나타낸 것입니다. ㉠, ㉡, ㉢에 들어
갈 알맞은 말을 보기 에서 골라 쓰세요.

▪ **친척을 부르는 말**

친척을 부르는 말과 관계를 나를 중심으로 나타낸 것입니다.

㉠: (   )
㉡: (   )
㉢: (   )

> 보기
>
> 할아버지   할머니   고모   고모부   이모   이모부   큰아버지
> 큰어머니   고종사촌   이종사촌   아버지   어머니   사촌

2 가족과 친척을 생각하며 가족 달리기를 할 때 준비 운동을
한 후에 가장 먼저 해야 할 일은 무엇인지 쓰세요.

▪ **가족 달리기**

• 놀이를 하기 전에 간단한 준비 운동을 하여 충분히 몸을 풀어 줍니다.

• 가족 달리기를 할 때는 4~5명의 학생이 한 가족이 되고 모든 가족들은 가족 이름표를 가슴에 붙입니다.

2. 여름 나라

✿ 옛날의 여름철 생활 도구

▲ 죽부인

▲ 등토시

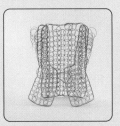

▲ 등등거리

▲ 도롱이

낱말 풀이

❶ **태풍** 매우 강한 바람과 함께 많은 양의 비를 내리게 하는 기상 현상으로 주로 여름에 발생함.

❷ **유성** 기름의 성질

❸ **파스텔** 빛깔이 있는 가루 원료를 길쭉하게 굳힌 크레용

❤ 여름 나라로 떠나요
① 주변의 여름 모습: 예 선풍기를 틉니다. 물놀이를 합니다.
② 여름 모습을 <mark>오감으로 표현하기</mark>: 예 매미가 '맴맴' 울어요. 나무 줄기는 거칠어요. 햇빛이 눈부셔요.

❤ 해야 해야 나오너라
① '해야 해야 나오너라' 노래는 전래 동요입니다.
② 두 편으로 나누어 노랫말을 주고받으며 노래 부릅니다.

❤ 햇볕은 쨍쨍
① 더운 날의 우리 모습: 예 여름을 시원하게 보내고 싶어 합니다. 햇빛을 피하려고 합니다.
② 여름을 잘 보내기 위해 해야 할 일: 예 물을 많이 마십니다. 얇고 바람이 잘 통하는 옷을 입습니다.

❤ 해 마을에 이런 일이
① 적정한 <mark>실내 온도 26~28℃</mark>를 유지합니다.
② 사용하지 않는 곳의 전등은 끕니다.
③ 사용하지 않는 플러그는 뽑아 둡니다.

❤ 더위를 날려요
① 부채 만들기: 종이접기 ➡ 접은 종이를 붙이기 ➡ 나무 막대를 종이 양쪽 끝에 붙이기

❤ 우리 함께 해 봐요
① 에너지 아끼기 운동: 정해진 장소에 모이기 ➡ 포스터를 들고 활동하기 ➡ '더위를 날려요'에서 만든 부채 나누어 주기 ➡ 활동 후 주변 정리하기

❤ 여름날 더운 날
① '여름날' 노래를 듣고 떠오르는 장면을 이야기합니다.
② '여름날' 노래를 듣고 모양이나 소리를 흉내 낸 말을 찾아봅니다.

❤ 구슬비
꾸벅꾸벅, 능청능청, 똑딱똑딱, 맴맴맴맴, 뜸북뜸북
① 다양한 방법으로 노래를 익힙니다.
② 악기로 빗소리와 빗방울을 표현하기: 예 캐스터네츠-뚝뚝, 마라카스-촤르르르, 우드블록-후두둑

❤ 비가 온다 뚝뚝
① 비가 올 때 우산을 쓰고 <mark>비옷</mark>을 입으며 <mark>장화</mark>를 신습니다.
② 비가 오면 <mark>농작물이 잘 자라고</mark>, 사용할 수 있는 물이 많아집니다.── 좋은 점
③ 비나 태풍이 오면 홍수 때문에 집이 물에 잠길 수 있고, 바람이 불어서 나무가 부러집니다. ── 좋지 않은 점

태풍을 피해요
① 술래 '태풍'을 정합니다. 태풍은 움직일 수 있습니다.
② 태풍에게 잡히면 '작은 태풍'이 됩니다.
③ '작은 태풍'은 제자리에서 팔만 흔들어 친구들을 잡습니다.

우산 만들기
① 준비물: 투명 필름,[2] 유성 사인펜, 빨대, 투명 테이프, 색 솜 등
② 만드는 방법: 유성 사인펜으로 꾸미고 오리기 ➡ 우산 모양으로 붙이기 ➡ 빨대와 색 솜 붙이기

비 마을에 이런 일이
① 손을 씻을 때 물을 잠그고 비누칠을 합니다.
② 양치 컵을 사용합니다.
③ 물을 가지고 장난치지 않습니다.
④ 물 절약 실천 점검표를 만들어 물 절약을 실천합니다.
  ● 일주일 동안 실천하면서 실천 정도를 정리합니다.

한 방울도 소중해
① 물 모으기 놀이 준비물: 물, 수조, 컵 등
② 물 모으기 놀이 방법: 두 편으로 나누기 ➡ 컵을 들고 달려가 컵에 물을 담기 ➡ 물을 흘리지 않고 돌아와 컵의 물을 수조에 담기
  ● 물을 많이 모은 편이 이깁니다.

빗방울 똑똑
① '빗방울 전주곡'을 감상합니다.
  ● 쇼팽이 작곡한 곡으로 1, 2부로 나누어져 있습니다.
② 스펀지에 물감을 묻혀 찍어 보며 빗방울 소리에 대한 느낌을 나타냅니다.

여름에 꼭 필요해
① '여름에 꼭 필요해' 놀이를 하기 전에 준비 운동을 합니다.
② '여름에 꼭 필요해' 놀이를 할 때는 규칙을 지키면서 즐겁게 합니다.

여름 나라에 다녀왔어요
① 선생님이 몸으로 표현하는 것이 무엇인지 알아봅니다.
② 모둠별로 여름을 몸으로 표현합니다.

여름을 그려요
① 물놀이: 색연필로 그려서 색칠한 후 하늘만 물감을 사용했습니다.
② 수박 먹기: 사인펜과 파스텔[3]을 사용했습니다.
③ 비 오는 날: 크레파스만 사용했습니다.
④ 감자 캐기: 크레파스로 그려서 색칠한 후 바탕색은 물감을 사용했습니다.

바로바로 체크

1 선풍기나 에어컨이 없을 때 더위를 식히기 위해 사용하는 것은 ☐☐입니다.

2 모양이나 소리를 흉내 낸 다음 말에서 느껴지는 계절을 쓰세요.

> 꾸벅꾸벅, 능청능청, 똑딱똑딱, 맴맴맴맴, 뜸북뜸북

( )

3 비나 태풍으로 인한 피해를 대비하는 방법으로 바른 것에 ○표 하세요.
(1) 일기 예보를 확인합니다.
( )
(2) 집 안의 물건을 바깥에 내놓습니다. ( )
(3) 쌓아 놓은 모래주머니를 치웁니다. ( )

4 물을 아껴 쓰는 모습이면 ○표, 아껴 쓰는 모습이 아니면 ✕표 하세요.

( )

▶ **정답**
1. 부채 2. 여름 3. (1)○
4. ○

여름

1 여름이 되어 달라진 점으로 바르지 <u>않은</u> 것은 어느 것인가요? (   )

① 선풍기를 튼다.
② 나뭇잎이 많아졌다.
③ 창문을 열고 생활한다.
④ 두꺼운 옷을 입지 않는다.
⑤ 밖에 나가지 않고 실내에서 논다.

2 다음은 우리 몸의 어느 부분으로 여름을 느낀 것인가요? (   )

> 매미가 '맴맴' 울어요.

① 눈   ② 코
③ 입   ④ 귀
⑤ 손

3 '해 정하기' 놀이 방법으로 바르지 <u>않은</u> 것은 어느 것인가요? (   )

① 편을 나눈다.
② 사람이 적은 편이 '해'가 된다.
③ 가위바위보에서 지면 상대편으로 간다.
④ '저 건넬랑 음달지고'에는 반대로 움직인다.
⑤ '해야 해야 나오너라'를 부르며 앞으로 움직이면 다른 편은 뒷걸음질로 물러난다.

4 여름철에 사용하는 도구가 <u>아닌</u> 것은 어느 것인가요? (   )

① 모자   ② 양산
③ 난로   ④ 선풍기
⑤ 자외선 차단제

5 여름을 잘 보내기 위해 해야 할 일로 바른 것은 ○표, 바르지 <u>않은</u> 것은 ×표를 하세요.

(1) 물을 많이 마십니다.   (   )
(2) 에어컨 온도는 되도록 낮게 합니다.
                               (   )
(3) 음식물은 냉장고에 보관합니다. (   )

6 그림에서 잘못된 점은 무엇인가요? (   )

① 낮에 전등을 켜 두었다.
② 에어컨 온도를 너무 낮추었다.
③ 창문을 열고 에어컨을 켜 두었다.
④ 텔레비전을 보지 않으면서 켜 두었다.
⑤ 아무도 없는 곳에 선풍기가 켜져 있다.

7 에너지 절약이 필요한 까닭을 한 가지 쓰세요.

_____

8 다음 도구의 이름은 무엇인지 쓰세요.

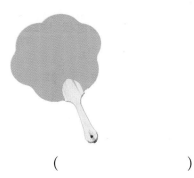

(   )

9 에너지 아끼기 운동 구호로 알맞지 <u>않은</u> 것은 어느 것인가요? (   )

① 부채를 사용합시다.
② 에어컨 사용을 줄입시다.
③ 냉장고 문을 자주 열지 마세요.
④ 사용하지 않는 방의 전등은 끕시다.
⑤ 전기 기구의 플러그를 모두 꽂아 둡시다.

잘 틀려요

10 다음 그림을 보고 떠오르는 모습은 무엇인가요? (   )

① 매미의 울음소리
② 새가 날아가는 모습
③ 비가 많이 내리는 모습
④ 산에 나무가 많은 모습
⑤ 강아지가 자고 있는 모습

11 다음 노래가 표현하고 있는 것은 무엇인지 쓰세요.

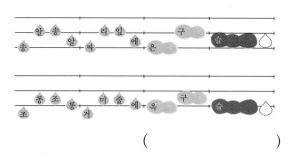

(   )

12 보기 의 악기 중 가볍게 흔들어 빗소리를 표현할 수 있는 것은 무엇인지 쓰세요.

보기

마라카스, 캐스터네츠, 우드블록

(   )

중요

13 여름철 비가 올 때 사람들의 생활 모습으로 바른 것은 어느 것인가요? (   )

① 강에서 물놀이를 한다.
② 마당에서 빨래를 말린다.
③ 친구들과 자전거를 탄다.
④ 비옷을 입고 장화를 신는다.
⑤ 창문을 열고 집안을 환기시킨다.

서술형

14 비가 우리 생활에 끼치는 영향 가운데 좋은 점은 무엇인지 한 가지 쓰세요.

15 태풍 놀이를 하는 방법이나 주의할 점으로 바른 것을 모두 고르세요. (　　,　　)

① 옷을 잡아당기거나 발을 걸지 않는다.
② 친구의 어깨나 몸을 칠 때는 살짝 친다.
③ 태풍 목걸이를 건 사람은 움직일 수 없다.
④ 태풍에게 잡히면 놀이 구역 밖으로 나간다.
⑤ 작은 태풍은 술래와 함께 돌아다니며 친구들을 잡는다.

16 다음은 물 모으기 놀이 방법입니다. 바르지 않은 것을 기호로 쓰세요.

> ㉠ 두 편으로 나누고, 컵을 들고 선다.
> ㉡ 달려가 컵에 물을 담고 물을 흘리지 말고 돌아온다.
> ㉢ 컵의 물을 수조에 담는다.
> ㉣ 물을 적게 모은 편이 이긴다.

(　　　　　　　)

 중요

17 위 16번의 물 모으기 놀이가 끝난 후 모은 물은 어떻게 해야 하나요? (　　　)

① 집에 가져간다.
② 우리가 마신다.
③ 바닥에 버린다.
④ 화단에 물을 준다.
⑤ 친구들과 물장난을 한다.

18 다음 작품과 같이 빗방울을 표현하는 데 필요한 준비물이 아닌 것은 어느 것인가요?
(　　　)

① 붓　　　　　② 물감
③ 접시　　　　④ 도화지
⑤ 스펀지

19 여름에 필요한 도구를 알아보기 위해 '해 마을'과 '비 마을'로 나누어 놀이를 할 때, '비 마을'에 필요한 것을 [보기]에서 모두 골라 기호를 쓰세요.

[보기]

(　　　　　　　)

20 여름에 볼 수 있는 모습을 그릴 때, 알맞지 않은 것은 어느 것인가요? (　　　)

① 감자를 캐는 모습
② 수영을 하는 모습
③ 수박을 먹는 모습
④ 물놀이를 하는 모습
⑤ 눈사람을 만드는 모습

1 여름에 더위를 이기기 위해 필요한 물건들을 모두 찾아 ○ 표 하세요.

■ 더운 여름철에 더위를 이기기 위한 방법

먹는 음식, 사람들의 옷차림, 사람들이 많이 가는 장소, 사용하는 도구 등으로 나누어 생각해 볼 수 있습니다.

2 여름철 비 오는 날에 필요한 물건을 한 가지 쓰고 물건을 찾은 곳과 그 물건이 어떻게 쓰이는지 함께 쓰세요.

물건의 이름	
물건을 찾은 곳	
물건의 쓰임	

■ 비가 오는 더운 여름철 사람들의 생활 모습 예

• 우산을 씁니다.
• 비옷을 입고 장화를 신고 다닙니다.
• 홍수로 인한 피해를 막기 위해 모래주머니를 쌓습니다.
• 바깥에 널어놓은 빨래를 걷습니다.
• 집 안의 습기를 없애기 위해 제습기를 틀어놓습니다.

여

름

 "이솝 이야기"의 한 장면입니다. 숨은 그림을 찾아보세요.

숨은 그림: 왕관, 칫솔, 빗자루, 호미, 책

엄마 게가 아기 게에게 말했습니다.

"얘야, 왜 그렇게 옆으로 걷니? 보기에 흉하다. 똑바로 걸어라. 똑바로."

그러자 아기 게가 대답했습니다.

"그럼 엄마, 어떻게 걸어야 하는지 보여 주세요. 엄마가 똑바로 걸으면 저도 따라 할게요."

"그래. 내가 걷는 거 잘 봐라."

엄마 게는 이렇게 말하고는 10개의 발을 내두르면서 의젓하게 걷는데, 역시 옆으로 걸었습니다.

마무리 평가

💬 차례

[1. 바른 자세로 읽고 쓰기]

1 다음 그림에서 친구가 책을 읽을 때 고쳐야 할 점은 무엇인가요? (   )

① 다리를 꼬고 앉아야 한다.
② 고개를 옆으로 기울여야 한다.
③ 손으로 턱을 괴고 앉아야 한다.
④ 책과 눈의 거리를 알맞게 해야 한다.
⑤ 엉덩이를 의자 앞쪽에 걸치고 앉아야 한다.

[2. 재미있게 ㄱㄴㄷ]

2 다음은 몸으로 만든 자음자입니다. 몸으로 만든 모양과 자음자의 연결이 알맞지 <u>않은</u> 것은 어느 것인가요? (   )

①   ②

③   ④

⑤

[2. 재미있게 ㄱㄴㄷ]

3 다음 가운데 두 번에 걸쳐 써야 하는 자음자는 어느 것인가요? (   )

① ㄱ   ② ㄴ   ③ ㅇ
④ ㅅ   ⑤ ㅌ

[2. 재미있게 ㄱㄴㄷ]

4 자음자 'ㅍ'을 쓰는 순서에 맞게 빈칸에 번호를 쓰세요.

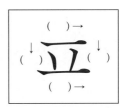

[3. 다 함께 아야어여]

5 보기 와 같이 왼쪽의 모음자가 들어간 낱말에 ○표를 하세요.

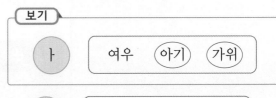

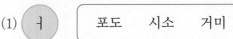

100   1-1

[3. 다 함께 아야어여]

6 다음 낱말에 들어 있는 모음자를 찾아 선으로 이으세요.

(1)  •

(2)  •

(3)  •

• ㉠

• ㉡

• ㉢

[4. 글자를 만들어요]

7 다음 글자를 자음자와 모음자로 나누어 쓰세요.

보 리

(1) 자음자 ⇨ ☐ ☐

(2) 모음자 ⇨ ☐ ☐

8~9

	ㅏ	ㅓ	ㅗ	ㅜ	ㅡ	ㅣ
ㅇ	아	어	오	우	으	이
ㅈ	자	저	조	주	즈	지
ㅊ	차	처	초	추	츠	치
ㅋ	카	커	코	쿠	크	키
ㅌ	타	터	토	투	트	티
ㅍ	파	퍼	포	푸	프	㉠
ㅎ	하	㉡	호	후	흐	히

[4. 글자를 만들어요]

8 ㉠, ㉡에 들어갈 알맞은 글자를 쓰세요.

(1) ㉠: (　　　　　　　)

(2) ㉡: (　　　　　　　)

[4. 글자를 만들어요]

9 다음 중 표에 있는 글자로 만들 수 <u>없는</u> 낱말은 어느 것인가요? (　　　)

① 오이　　　　　② 타조

③ 포도　　　　　④ 포크

⑤ 우주

[5. 다정하게 인사해요]

10 다음 그림에서 인사를 받는 할아버지와 할머니의 마음으로 알맞은 것을 모두 고르세요.

(　　,　　)

① 기쁜 마음　　　② 흐뭇한 마음

③ 속상한 마음　　④ 미안한 마음

⑤ 창피한 마음

마무리 평가

서술형　　　　　　　　　[5. 다정하게 인사해요]

11 다리를 다친 친구에게 해 줄 수 있는 알맞은 인사말을 쓰세요.

_____

_____

[6. 받침이 있는 글자]

12 다음 낱자를 이용하여 만들 수 있는 낱말은 어느 것인가요? (　　　)

| ㅅ | ㄴ | ㅁ | ㄹ | ㅓ | ㅜ |

① 물건　　　　　② 선물

③ 수건　　　　　④ 방문

⑤ 창문

[6. 받침이 있는 글자]

13 다음 글자들에 받침 'ㅇ'을 넣어 빈칸에 알맞은 글자를 각각 쓰세요.

| 가 | 나 | 다 | 라 | 마 | 바 | 사 |

| 강 | | 당 | | 망 | | |

[7. 생각을 나타내요]

14 오른쪽 그림에 어울리는 문장으로 알맞은 것은 어느 것인가요? (　　　)

① 호랑이가 잠을 잡니다.

② 호랑이가 세수를 합니다.

③ 호랑이가 떡을 먹습니다.

④ 호랑이가 피아노를 칩니다.

⑤ 호랑이가 노래를 부릅니다.

서술형　　　　　　　　　[7. 생각을 나타내요]

15 다음의 말을 엮어 문장을 만들어 써 보세요.

| 시냇물이　　　흐릅니다　　　졸졸 |

_____

16~17

 가　형님, 여기 계셨군요㉠!

 어찌 내가 네 형님이냐?

 형님은 호랑이 탈을 쓰고 태어나 산으로 보내졌대요.

 그게 정말이냐?

 나　형님, 여기 계셨군요.

 어찌 내가 네 형님이냐.

 형님은 호랑이 탈을 쓰고 태어나 산으로 보내졌대요.

 그게 정말이냐.

[8. 소리 내어 또박또박 읽어요]

16 글 **가**, **나** 가운데 다음 설명에 해당하는 글의 기호를 쓰세요.

- 진짜 말하는 것처럼 실감 난다.
- 문장의 끝에 여러 가지 문장 부호가 있다.

(　　　　　　　　)

[8. 소리 내어 또박또박 읽어요]

17 ㉠에 대한 설명으로 알맞은 것은 어느 것인가요? (　　　)

① 쉼표라고 한다.
② 느낌표라고 한다.
③ 묻는 문장 끝에 쓴다.
④ 부르는 말 뒤에 쓴다.
⑤ 설명하는 문장 끝에 쓴다.

[8. 소리 내어 또박또박 읽어요]

18 자음자와 그 이름을 선으로 이으세요.

(1) ㄲ　•　　　•㉠ 쌍디귿

(2) ㄸ　•　　　•㉡ 쌍비읍

(3) ㅃ　•　　　•㉢ 쌍시옷

(4) ㅆ　•　　　•㉣ 쌍기역

(5) ㅉ　•　　　•㉤ 쌍지읒

19~20

㉠

학	교	에	서		찰	흙	으	로		토
끼	를		만	들	었	다	.	선	생	님	께
칭	찬	받	았	다	.	㉡				

[9. 그림일기를 써요]

19 ㉠에 들어갈 내용으로 알맞은 것을 모두 고르세요. (　,　,　)

① 날씨　　　　② 날짜
③ 요일　　　　④ 쓴 사람
⑤ 받을 사람

서술형

[9. 그림일기를 써요]

20 이 그림일기에는 생각이나 느낌이 나타나 있지 않습니다. ㉡에 들어갈 그림일기의 내용에 어울리는 생각이나 느낌을 쓰세요.

_____

_____

1 아이스크림의 수만큼 색칠해 보세요.
[1. 9까지의 수]

2 먹은 사과의 수를 두 가지 방법으로 읽어 보세요.
[1. 9까지의 수]

(,   )

3 1만큼 더 큰 수와 1만큼 더 작은 수를 빈 곳에 써넣으세요.
[1. 9까지의 수]

1만큼 더 작은 수　　　　1만큼 더 큰 수

3

4 왼쪽의 수만큼 ○를 그리고 더 큰 수를 쓰세요.
[1. 9까지의 수]

6								

8								

(   )

5 관계있는 것끼리 선으로 이어 보세요.
[2. 여러 가지 모양]

(1) ·

(2) ·

· ㉠

· ㉡

· ㉢

6 같은 모양끼리 모았습니다. 모양이 <u>다른</u> 하나를 찾아 쓰세요.
[2. 여러 가지 모양]

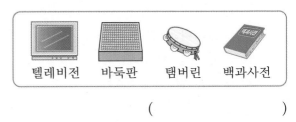

텔레비전　　바둑판　　탬버린　　백과사전

(   )

서술형

7 모양의 일부분이 오른쪽과 같은 물건은 어느 것인지 풀이 과정을 쓰고 답을 구하세요.
[2. 여러 가지 모양]

㉠   ㉡   ㉢

_____

_____

(   )

8 다음 모양을 만드는 데 가장 적게 사용한 모양은 몇 개일까요?

[2. 여러 가지 모양]

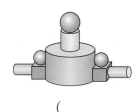

(   )개

9 빈 곳에 알맞은 수만큼 ○를 그려 보세요.

[3. 덧셈과 뺄셈]

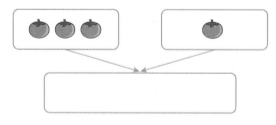

10 덧셈을 하세요.

[3. 덧셈과 뺄셈]

(1) $6+0=$ ☐

(2) $0+8=$ ☐

11 뺄셈을 하여 결과가 가장 큰 것의 기호를 쓰세요.

[3. 덧셈과 뺄셈]

㉠ 5−2	㉡ 8−0
㉢ 9−7	㉣ 7−1

(   )

12 어머니께서 오렌지 5개와 멜론 2개를 사오셨습니다. 어머니께서 사 오신 오렌지와 멜론은 모두 몇 개인지 덧셈식을 쓰고, 답을 구하세요.

[3. 덧셈과 뺄셈]

식 _____

답 _____ 개

13 가장 높은 사다리에 ○표 하세요.

[4. 비교하기]

(   )   (   )   (   )

서술형

14 민아, 승룡, 경민 세 사람 중에서 키가 가장 큰 사람은 누구인지 풀이 과정을 쓰고 답을 구하세요.

[4. 비교하기]

민아   승룡   승룡   경민

_____

_____

_____

(   )

마무리 평가

수학 **105**

15 그림에서 가장 작은 한 칸의 크기는 모두 같습니다. ㉮와 ㉯ 중에서 어느 쪽이 더 좁은가요?

[4. 비교하기]

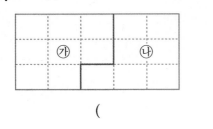

(   )

16 가 그릇보다 물을 더 많이 담을 수 있는 것은 어느 그릇인가요?

[4. 비교하기]

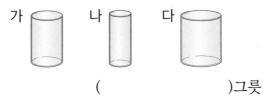

(   )그릇

17 다음이 나타내는 수를 두 가지 방법으로 읽어 보세요.

[5. 50까지의 수]

10개씩 묶음	낱개
1	7

(,   )

18 10개씩 묶고 남은 낱개의 수가 <u>다른</u> 것은 어느 것인가요? (   )

[5. 50까지의 수]

① 27   ② 십칠   ③ 47
④ 서른여섯   ⑤ 사십칠

19 ㉠과 ㉡ 중에서 더 작은 것의 기호를 쓰세요.

[5. 50까지의 수]

㉠ 38보다 1만큼 더 큰 수
㉡ 46보다 1만큼 더 작은 수

(   )

20 양현이의 번호는 13번이고, 소윤이는 양현이 바로 뒤의 번호이고, 정은이는 소윤이 바로 뒤의 번호입니다. 정은이의 번호는 몇 번인지 풀이 과정을 쓰고 답을 구하세요.

서술형

[5. 50까지의 수]

_____

_____

_____

(   )번

 봄

[1. 학교에 가면]

1 도시에 살고 있는 1학년 인성이는 학교 가는 길에 본 것을 그림으로 그려 보았습니다. 인성이의 그림에서 볼 수 <u>없는</u> 것은 무엇인가요? ( )

①   ②   ③

④   ⑤

[1. 학교에 가면]

2 다음과 같은 시설을 볼 수 있는 곳은 학교의 어디인지 쓰세요.

 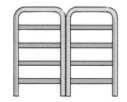

( )

[1. 학교에 가면]

3 다음에서 설명하는 곳은 학교의 어디인가요? ( )

> 아픈 곳이나 다친 곳을 치료하는 곳이다.

① 보건실   ② 급식실
③ 과학실   ④ 도서관
⑤ 컴퓨터실

[1. 학교에 가면]

4 '안녕' 노래의 노랫말 중 '안녕 친구야'에 맞는 율동을 보기 에서 골라 기호를 쓰세요.

> **보기**
> ㉠ 허리 숙여 인사한다.
> ㉡ 손을 흔들며 인사한다.

( )

[1. 학교에 가면]

5 '어깨동무' 노랫말을 보고 떠오르는 장면은 어느 것인지 보기 에서 골라 기호를 쓰세요.

동		무	동		무	어		깨	동	무
어	디		든		지	같		이	가	고
동		무	동		무	어		깨	동	무
언	제		든		지	같		이	놀	고

> **보기**
> ㉠ 친구와 싸웠던 모습
> ㉡ 친구와 즐겁게 뛰어노는 모습

( )

[2. 도란도란 봄 동산]

6 다음에서 봄의 모습에는 '봄', 겨울의 모습에는 '겨울'이라고 쓰세요.

(1) 진달래와 개나리가 있습니다. ( )
(2) 땅속에 뱀이 자고 있습니다. ( )
(3) 나뭇가지에 새순이 돋았습니다. ( )

[2. 도란도란 봄 동산]

7 오르막길을 걷는 모습을 골라 기호를 쓰세요.

> ㉠ 방향을 바꾸며 걷는다.
> ㉡ 몸을 약간 숙이고 걷는다.
> ㉢ 몸을 약간 뒤로 젖히고 걷는다.

( )

마무리 평가

[2. 도란도란 봄 동산]

8 생명을 보호하기 위해 할 수 있는 일이 아닌 것은 어느 것인가요? (　　)

① 화분에 물을 준다.
② 곤충을 괴롭히지 않는다.
③ 꽃을 함부로 꺾지 않는다.
④ 작은 풀꽃을 건드리지 않는다.
⑤ 꽃을 꺾어서 집에 가져와 꽃병에 꽂는다.

서술형

[2. 도란도란 봄 동산]

9 새싹과 친구가 되는 방법을 한 가지 쓰세요.

_____

_____

[2. 도란도란 봄 동산]

10 돌멩이로 하는 놀이는 어느 것인가요?
(　　)

① 　②

③ 　④

⑤

여름

[1. 우리는 가족입니다]

11 가족사진을 찍었던 경험이 아닌 것은 어느 것인가요? (　　)

① 돌잔치 때
② 이모 결혼식 때
③ 1학년 입학식 때
④ 할아버지 생신 때
⑤ 학교 현장 체험 학습을 갔을 때

[1. 우리는 가족입니다]

12 다음에서 설명하는 친척을 부르는 말을 쓰세요.

어머니의 여자 형제이다.

(　　　　　　)

[1. 우리는 가족입니다]

13 가족 소개 카드를 만들 때 가장 먼저 할 일은 무엇인지 기호를 쓰세요.

㉠ 카드를 꾸민다.
㉡ 소개할 내용을 정한다.
㉢ 소개할 사람을 정한다.

(　　　　　　)

[1. 학교에 가면]

14 가족 달리기를 할 때 필요하지 않은 이름표는 어느 것인가요? (　　)

① 어머니　② 아버지　③ 선생님

④ 할아버지　⑤ 할머니

15 우리 집에 놀러 오신 고모와 고모부가 가실 때는 어떻게 인사해야 하나요? ( )

[1. 우리는 가족입니다]

① "안녕하세요."라고 인사한다.
② "잘 먹었습니다."라고 인사한다.
③ "맛있게 드세요."라고 인사한다.
④ 앉아서 "안녕히 가세요."라고 인사한다.
⑤ 일어서서 고개를 숙여 "안녕히 가세요." 라고 인사한다.

[2. 여름 나라]

16 다음은 우리 몸의 어느 부분으로 여름을 느낀 것인가요? ( )

> 나뭇잎 냄새를 맡아 보았는데 아무 냄새도 나지 않았어요.

① 눈   ② 코
③ 입   ④ 귀
⑤ 손

[2. 여름 나라]

17 다음 노래에 대한 느낌이 아닌 것은 어느 것인가요? ( )

해	야	해	야	나	오	너	라	
저	건	넬	랑	음	달	지	고	
이	건	넬	랑	해	나	오	고	
해	야	해	야	나	오	너	라	
저	건	넬	랑	음	달	지	고	
이	건	넬	랑	해	나	오	고	

① 흥겨운 느낌이 든다.
② 비가 오기를 바란다.
③ 해가 비치기를 바란다.
④ 해가 떠오르는 것 같다.
⑤ 햇볕이 내리쬐는 여름날이 떠오른다.

서술형

[2. 여름 나라]

18 여름철에 에너지를 아낄 수 있는 방법을 한 가지 쓰세요.

_____

_____

[2. 여름 나라]

19 다음은 무엇을 만드는 과정을 나타낸 것인지 쓰세요.

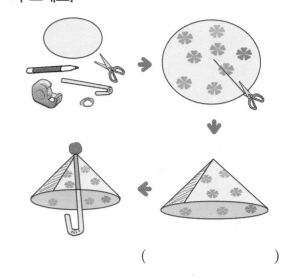

( )

[2. 여름 나라]

20 '물 모으기' 놀이 방법으로 바른 것은 어느 것인가요? ( )

① 반환점 위치에 컵을 놓는다.
② 상대 편 수조에 컵의 물을 붓는다.
③ 수조에 물을 적게 모은 편이 승리한다.
④ 맨 앞사람은 수조를 들고 출발선에 선다.
⑤ 물이 땅에 떨어지지 않도록 조심해서 출발선으로 되돌아온다.

마무리 평가

1 바르게 듣는 자세를 잘 알고 있는 친구는 누구인가요? ( )

[1. 바른 자세로 읽고 쓰기]

① 민영: 책을 읽으면서 들어야 해.
② 수호: 주위를 두리번거리면서 들어야 해.
③ 수현: 말하는 사람을 바라보며 들어야 해.
④ 지원: 머리를 숙이고 다른 생각을 하면서 들어야 해.
⑤ 명진: 옆에 있는 친구와 이야기를 하면서 들어야 해.

2 글씨를 쓸 때의 바른 자세는 어느 것인가요? ( )

[1. 바른 자세로 읽고 쓰기]

① 허리를 구부린다.
② 고개를 많이 숙인다.
③ 두 발은 바닥에 닿도록 한다.
④ 엉덩이를 의자 앞쪽에 걸터 앉는다.
⑤ 글씨를 쓰지 않는 손은 무릎 위에 올려 놓는다.

3 자음자와 그 이름을 선으로 이으세요.

[2. 재미있게 ㄱㄴㄷ]

(1) ㄷ •   • ㉠ 기역
(2) ㄱ •   • ㉡ 디귿
(3) ㅎ •   • ㉢ 미음
(4) ㅁ •   • ㉣ 히읗
(5) ㅅ •   • ㉤ 시옷

4 다음 낱말에 모두 들어 있는 자음자를 찾아 쓰세요.

[2. 재미있게 ㄱㄴㄷ]

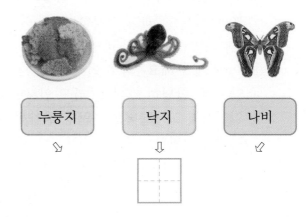

| 누룽지 | 낙지 | 나비 |

⇩   ⇩   ⇙

5 다음 중 모음자를 쓰는 순서가 바른 것은 어느 것인가요? ( )

[3. 다 함께 아야어여]

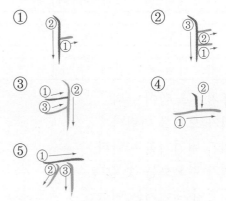

[3. 다 함께 아야어여]

6 ㉠, ㉡에 들어갈 글자를 합치면 어떤 낱말이 되는지 쓰세요.

ㅏ	ㅓ	ㅗ	ㅜ	ㅣ
ㅇ	아	어	㉠	우	㉡

(   )

[3. 다 함께 아야어여]

7 다음 입 모양은 어떤 모음자를 발음한 것인지 알맞은 것에 ○표를 하세요.

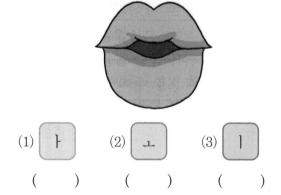

(1) ㅏ   (2) ㅗ   (3) ㅣ

(   )   (   )   (   )

8~9

㉠자라가 이가 아파서 치과에 가요.
느리게 기어가다가 토끼와 마주쳐요.
"자라야, 어디 가니?"
"이가 너무 아파서 치과에 가요."
"내가 치과에 데려다줄게."
토끼가 너무 서두르다가 다쳐요.
"아야, 아야, 다리가 너무 아파!"
토끼가 아파해요.
그때, 노루가 뛰어와서 도와줘요.

[4. 글자를 만들어요]

8 이야기에 나온 동물은 누구누구인지 모두 쓰세요.

(   )

[4. 글자를 만들어요]

9 ㉠과 같이 모음자가 자음자의 오른쪽에 오는 낱말을 모두 고르세요. (,   )

① 사자   ② 포도   ③ 호두
④ 구두   ⑤ 바나나

[5. 다정하게 인사해요]

10 다음과 같은 인사말을 들었을 때의 기분으로 알맞은 표정은 어느 것인가요? (   )

정말 고마워.

①   ②

③   ④

⑤

마무리 평가

[6. 받침이 있는 글자]

11 그림을 보고 빈칸에 알맞은 자음자를 쓰세요.

(1) 자

자

(2) 코

코

[6. 받침이 있는 글자]

12 다음 그림을 보고 잘못 쓴 글자를 바르게 고쳐 쓰세요.

(1)　　　　　　　　(2)

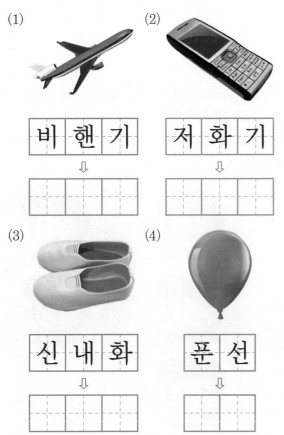

비 핸 기 ⇨ 　　　　저 화 기 ⇨

(3)　　　　　　　　(4)

신 내 화 ⇨ 　　　　푼 선 ⇨

13~14

[7. 생각을 나타내요]

13 그림을 보고 빈칸에 알맞은 낱말을 쓰세요.

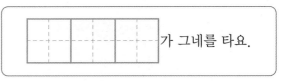　　가 그네를 타요.

서술형　　　　　　　　　　[7. 생각을 나타내요]

14 그림을 보고 어울리는 문장을 만들어 한 가지만 쓰세요.

_____

_____

[8. 소리 내어 또박또박 읽어요]

15 다음 중 끝을 올려 읽어야 하는 문장은 어느 것인가요? (　　)

① 아우야,

② 형님, 여기 계셨군요.

③ 어머님은 잘 계시냐?

④ 따뜻할 때 빨리 드세요!

⑤ 호랑이는 다시 산으로 올라갔어요.

[16~17]

ⓐ민지야, 잘 있었니?

강아지 이름을 복실이라고 지었구나. 참 예쁘다!

복실이와 좋은 친구가 되었다니 기뻐. 복실이도 너와 친구가 되어 좋아할 거야.

나도 복실이가 보고 싶어.

복실이와 우리 집에 놀러 올래 ⓑ

[8. 소리 내어 또박또박 읽어요]

16 다음 가운데 ⓐ을 바르게 띄어 읽은 것은 어느 것인가요? (   )

① 민지야, 잘 있었니?∨

② 민지야,∨잘 있었니?∨

③ 민지야,∨잘 있었니?∨

④ 민지야,∨잘 있었니?∨

⑤ 민지야,∨잘 있었니?∨

[8. 소리 내어 또박또박 읽어요]

17 ⓑ에 들어갈 문장 부호를 바르게 쓴 것은 어느 것인가요? (   )

① ▢·   ② ▢,   ③ ▢,

④ ▢?   ⑤ ▢!

[18~20]

	할	머	니	께	서		우	리
집	에		오	셨	다	.	시	골	에
서		만	든		음	식	을		많
이		가	지	고		오	셨	다	.
할	머	니	께	서		주	신		음
식	은		참		맛	있	었	다	.

20〇〇년 6월 23일 일요일   날씨: 해가 쨍쨍

[9. 그림일기를 써요]

18 글쓴이가 기억에 남는 일과 그때의 생각이나 느낌을 알맞게 선으로 이으세요.

(1) 기억에 남는 일 •

(2) 생각이나 느낌 •

• ⓐ 할머니께서 주신 음식은 참 맛있다.

• ⓑ 할머니께서 우리 집에 오셨다.

[9. 그림일기를 써요]

19 이 일기에 어울리는 그림으로 알맞은 것은 어느 것인가요? (   )

① 할머니와 가족이 윷놀이를 하는 그림

② 할머니와 가족이 다 함께 잠을 자는 그림

③ 할머니와 가족이 맛있게 음식을 먹는 그림

④ 글쓴이가 할머니 어깨를 주물러 드리는 그림

⑤ 할머니께서 버스를 타고 시골로 가시는 그림

[9. 그림일기를 써요]

20 그림일기를 쓰는 방법으로 알맞은 것에 모두 〇표를 하세요.

(1) 있었던 일을 모두 쓴다.   (   )

(2) 기억에 남는 일을 쓴다.   (   )

(3) 기억에 남는 장면을 그림으로 그린다.   (   )

(4) 읽는 사람에게 하고 싶은 말을 쓴다.   (   )

(5) 있었던 일에 대한 생각이나 느낌을 쓴다.   (   )

1 [1. 9까지의 수]

왼쪽의 수만큼 ○를 그려 보세요.

4 [   ]

2 [1. 9까지의 수]

사과의 수보다 하나 더 적은 것의 수를 쓰고 읽어 보세요.

✎ 쓰기 _____

✎ 읽기 _____

3 [1. 9까지의 수]

관계있는 것끼리 선으로 이어 보세요.

(1)  •

(2)  •

• ㉠ 6
• ㉡ 7
• ㉢ 8
• ㉣ 9

4 [1. 9까지의 수]

6보다 큰 수를 찾아 쓰세요.

4   7   5

(   )

5 [2. 여러 가지 모양]

🔵 모양이 아닌 것을 모두 고르세요.

(,   )

① ⚽   ② 🥫   ③ 🎳

④ 📦   ⑤ ⚪

6 서술형 [2. 여러 가지 모양]

은진이가 설명하는 모양은 어떤 모양인지 빈 곳에 그려 넣고, 이 모양의 특징을 써 보세요.

 음료수 캔, 참치 캔, 북은 대부분 이 모양이야.

은진

[   ]

_____

_____

_____

7 [2. 여러 가지 모양]

왼쪽과 같은 모양은 어느 것인지 기호를 찾아 쓰세요.

   ㉠   ㉡   ㉢

(   )

8 가와 나를 만드는 데 사용한 ⬭ 모양은 모두 몇 개일까요?

[2. 여러 가지 모양]

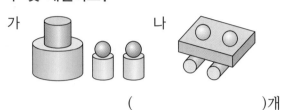

가   나

(   )개

9 빈 곳에 알맞은 수를 써넣으세요.

[3. 덧셈과 뺄셈]

10 ⬤와 △에 알맞은 수의 합을 구하세요.

[3. 덧셈과 뺄셈]

- 6−5=1 ➡ 1+⬤=6
- 7+2=9 ➡ 9−7=△

(   )

11 그림을 보고 뺄셈식으로 나타내어 보세요.

[3. 덧셈과 뺄셈]

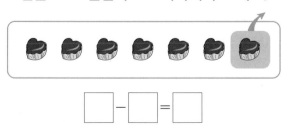

☐ − ☐ = ☐

12 그림을 보고 덧셈식을 만들어 보세요.

[3. 덧셈과 뺄셈]

식 _____

13 긴 것부터 순서대로 번호를 쓰세요.

[4. 비교하기]

(   )

(   )

(   )

서술형

14 키가 가장 작은 사람은 누구인지 풀이 과정을 쓰고 답을 구하세요.

[4. 비교하기]

안숙   지혜   보경

_____

_____

(   )

마무리 평가

[4. 비교하기]

15 영국, 기찬, 성준 세 사람이 다음과 같이 시소를 탔습니다. 가장 가벼운 사람은 누구일까요?

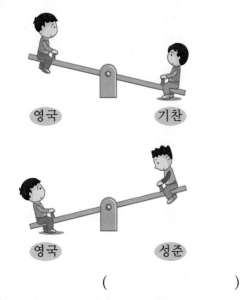

영국   기찬

영국   성준

(   )

[4. 비교하기]

16 현정이는 휴대폰에 보호 필름을 붙이려고 합니다. 보호 필름을 붙이기에 알맞은 휴대폰을 찾아 기호를 쓰세요.

(   )

[5. 50까지의 수]

17 수를 <u>잘못</u> 읽은 것은 어느 것일까요?

(   )

① 10…십   ② 20…이십
③ 30…삼십   ④ 40…사십
⑤ 50…쉰십

서술형

[5. 50까지의 수]

18 지홍이는 어린이 걷기 대회에 참가하였습니다. 지홍이의 등번호가 29번과 31번 사이일 때, 지홍이의 등번호는 몇 번인지 풀이 과정을 쓰고 답을 구하세요.

_____

_____

_____

(   )번

[5. 50까지의 수]

19 가장 큰 수를 찾아 쓰세요.

| 35 | 33 | 38 |

(   )

[5. 50까지의 수]

20 보기 에서 알맞은 수를 모두 찾아 ○표 하세요.

보기

10개씩 묶음 4개와 낱개 6개인 수보다 큰 수

(44 , 45 , 46 , 47 , 48 , 49)

봄

[1. 학교에 가면]

1 학교 주변의 여러 곳 중에서 어린이들과 마을 사람들이 안전하게 살아갈 수 있도록 도움을 주는 곳은 어디인가요? (　　)

① 문구점　　　　② 지구대
③ 편의점　　　　④ 놀이터
⑤ 버스 정류장

[1. 학교에 가면]

2 학교 운동장에 있는 놀이 기구를 이용할 때 주의할 점으로 바르지 <u>않은</u> 것은 어느 것인가요? (　　)

① 그네는 양손을 꼭 잡고 탄다.
② 정글짐은 양손으로 잡고 올라간다.
③ 미끄럼틀은 한 사람씩 차례를 지키며 탄다.
④ 구름사다리에 매달려 있는 사람의 다리를 잡아당기며 논다.
⑤ 시소에서 내릴 때는 함께 타는 친구에게 미리 말하고 조심히 내린다.

[1. 학교에 가면]

3 학교의 여러 교실 중에서 **책**을 읽거나 빌릴 수 있는 곳은 어디인지 쓰세요.

(　　　　　　)

서술형

[1. 학교에 가면]

4 짝과 친해지기 위해서는 어떻게 해야 하는지 한 가지 쓰세요.

_____

_____

[1. 학교에 가면]

5 다음과 같은 노래를 부르는 방법으로 알맞지 <u>않은</u> 것은 어느 것인가요? (　　)

동		무 동		무 어		깨 동 무	
어	디	든		지 같		이 가 고	
동		무 동		무 어		깨 동 무	
언	제	든		지 같		이 놀 고	

① 슬픈 생각을 하면서 조용히 부른다.
② 다정한 친구를 떠올리며 노래를 부른다.
③ 친구들과 메기고 받으며 노래를 부른다.
④ 친구와 마주보고 손뼉을 치면서 노래를 부른다.
⑤ 친구와 어깨동무를 하고 몸을 흔들며 노래를 부른다.

[2. 도란도란 봄 동산]

6 학교 주변의 봄 친구들을 자세하게 관찰하는 데 필요한 준비물은 어느 것인가요?

(　　)

① 돋보기　　　　② 색연필
③ 색종이　　　　④ 스케치북
⑤ 식물도감

[2. 도란도란 봄 동산]

7 볼을 부풀렸다 줄였다 하면서 소리를 내는 모습은 어떤 소리를 흉내 낸 것인가요? (　　)

① 새소리　　　　② 비 오는 소리
③ 물 흐르는 소리　　④ 바람 부는 소리
⑤ 개구리 울음 소리

[2. 도란도란 봄 동산]

8 봄 동산에 사는 친구들을 만드는 모습으로 알맞지 <u>않은</u> 것은 어느 것인가요? (　　　)

① 색종이로 꽃을 만든다.
② 휴지 심으로 벌을 만든다.
③ 손도장으로 나비를 만든다.
④ 작은 색 솜으로 애벌레를 만든다.
⑤ 물감으로 누렇게 익은 벼를 표현한다.

[2. 도란도란 봄 동산]

9 다음은 어떤 식물의 씨앗인가요? (　　　)

① 옥수수　　　　② 상추
③ 봉숭아　　　　④ 고추
⑤ 나팔꽃

[2. 도란도란 봄 동산]

10 나무가 주는 이로움을 한 가지 쓰세요.

_____

_____

여름

[1. 우리는 가족입니다]

11 상상한 가족사진을 만드는 순서대로 기호를 쓰세요.

 ㉠
 ㉡
 ㉢
 ㉣

(　　　　　　　　　　　)

[1. 우리는 가족입니다]

12 다음 가족사진에 대한 설명으로 바른 것은 어느 것인가요? (　　　)

① 할머니 생신 잔치 모습이다.
② 결혼식 때 찍은 가족사진이다.
③ 입학식 때 찍은 가족사진이다.
④ 돌잔치에 참석한 가족사진이다.
⑤ 가족 여행 때 찍은 가족사진이다.

[1. 우리는 가족입니다]

13 오른쪽 가족 소개 카드를 보고 알 수 <u>없는</u> 것을 모두 고르세요.

(　　　,　　　)

① 별명　　② 이름
③ 취미　　④ 사는 곳
⑤ 부르는 말

[1. 우리는 가족입니다]

14 중기가 가족 행사표를 만든 것입니다. 어울리지 <u>않는</u> 가족 행사는 어느 것인지 쓰세요.

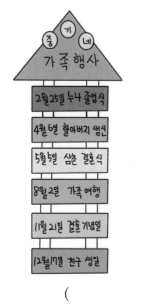

가족행사

2월25일 누나 졸업식

4월 6일 할아버지 생신

5월 5일 삼촌 결혼식

8월 2일 가족 여행

11월 21일 결혼 기념일

12월 17일 친구 생일

( )

[1. 우리는 가족입니다]

15 가족이나 친척 사이에 지켜야 할 예절을 잘 지킨 사람은 누구인가요? ( )

① 은서: 노래를 부르며 밥을 먹는다.

② 무재: 맛있는 반찬이 있으면 내가 먼저 먹는다.

③ 승윤: 어른이 전화를 끊은 것을 확인하고 끊는다.

④ 민선: 학교에 갈 때 인사를 하지 않고 조용히 간다.

⑤ 수정: 친척 어른이 선물을 주시면 먼저 뜯어보고 인사를 드린다.

[2. 여름 나라]

16 더위를 이길 수 있는 방법이 <u>아닌</u> 것은 어느 것인가요? ( )

① 선풍기를 켠다.

② 물을 많이 마신다.

③ 두꺼운 옷을 입는다.

④ 수영장이나 계곡에 간다.

⑤ 샌들이나 슬리퍼를 신는다.

[2. 여름 나라]

17 여름에 손에 쥐고 흔들어서 바람을 일으켜 더위를 이길 수 있게 하는 것은 무엇인지 쓰세요.

( )

[2. 여름 나라]

18 빗방울이 창문을 두드릴 때 나는 소리 '똑똑'을 표현할 수 있는 악기는 어느 것인지 ○표 하세요.

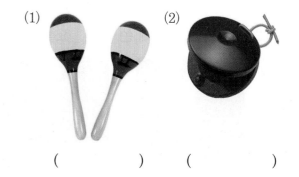

(1) (2)

( ) ( )

[2. 여름 나라]

19 물을 아껴 쓰는 모습은 어느 것인가요?

( )

① 양치 컵을 사용한다.

② 친구들과 물장난을 한다.

③ 물을 틀어놓고 손을 씻는다.

④ 호스를 이용하여 차를 닦는다.

⑤ 물을 세게 틀어서 설거지를 한다.

[2. 여름 나라]

20 여름에 볼 수 있는 모습을 그린 것으로 알맞은 것은 어느 것인가요? ( )

① 새싹이 돋는 모습

② 물놀이를 하는 모습

③ 눈사람을 만드는 모습

④ 울긋불긋 단풍이 든 모습

⑤ 개구리가 겨울잠을 자는 모습

[1. 바른 자세로 읽고 쓰기]

1 연필을 바르게 잡는 방법으로 알맞지 <u>않은</u> 것은 어느 것인가요? (　　)

① 연필을 너무 눕히지 않는다.

② 연필의 맨 윗부분을 잡는다.

③ 연필을 너무 세우지 않는다.

④ 적당히 힘을 주어 연필을 잡는다.

⑤ 엄지손가락과 집게손가락의 모양을 둥글게 하여 연필을 잡는다.

[1. 바른 자세로 읽고 쓰기]

2 그림의 낱말을 바르게 쓴 것에 ○표를 하세요.

(1)　　　　　　　(2)

어	우

（　　　　　）

코	끼	리

（　　　　　）

[2. 재미있게 ㄱㄴㄷ]

3 다음 낱말에 들어 있는 자음자를 찾아 선으로 이으세요.

(1)　가지 •　　　• ㉠ [ㄱ]

(2)　오리 •　　　• ㉡ [ㅍ]

(3)　포도 •　　　• ㉢ [ㅇ]

[2. 재미있게 ㄱㄴㄷ]

4 다음 가운데 자음자를 쓰는 순서로 알맞은 것은 어느 것인가요? (　　)

①　　　　　　　　②

③　　　　　　　　④

⑤

[3. 다 함께 아야어여]

5 그림에 알맞은 낱말이 되도록 빈 곳에 모음자를 써넣으세요.

(1)

ㄱ	ㅈ

(2)

ㄱ	ㄱ	ㅁ

(3)

ㄷ	ㄹ	ㅈ

[3. 다 함께 아야어여]

6 다음 가운데 모음자 'ㅠ'가 들어 있는 낱말은 어느 것인가요? (   )

① 요요   ② 휴지
③ 여자   ④ 야구
⑤ 어부

[4. 글자를 만들어요]

7 다음 빈칸에 알맞은 글자를 써 넣으세요.

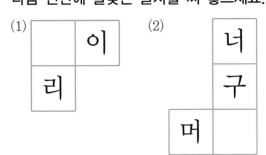

[4. 글자를 만들어요]

8 다음 모음자 가운데에서 자음자의 아래쪽에 올 수 있는 것을 모두 찾아 ◯표를 하세요.

ㅏ	ㅑ	ㅓ	ㅕ	ㅗ
ㅛ	ㅜ	ㅠ	ㅡ	ㅣ

9~10

[5. 다정하게 인사해요]

9 그림 가 와 같이 축하의 인사말을 할 수 있는 상황으로 알맞은 것은 어느 것인가요?
(   )

① 이모가 결혼을 할 때
② 자리를 양보받았을 때
③ 친구가 다리를 다쳤을 때
④ 길에서 웃어른을 만났을 때
⑤ 이웃집에서 음식을 가져다주었을 때

서술형

[5. 다정하게 인사해요]

10 그림 나 에서 남자아이가 말할 알맞은 인사말을 쓰세요.

_____

_____

[6. 받침이 있는 글자]

11 그림을 보고 낱말에 들어가는 받침이 같은 글자를 모두 찾아 쓰세요.

콩　　　팔

불　　　창

(1) 'ㄹ' 받침이 들어가는 낱말:
（　　　　　　　）
(2) 'ㅇ' 받침이 들어가는 낱말:
（　　　　　　　）

[6. 받침이 있는 글자]

12 다음 낱자로 만들 수 있는 낱말은 어느 것인가요? (　　　)

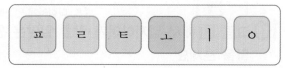

ㅍ　ㄹ　ㅌ　ㅗ　ㅣ　ㅇ

① 책상　　　　② 연필
③ 칠판　　　　④ 화분
⑤ 필통

[7. 생각을 나타내요]

13 그림을 보고 문장이 완성되도록 선으로 이으세요.

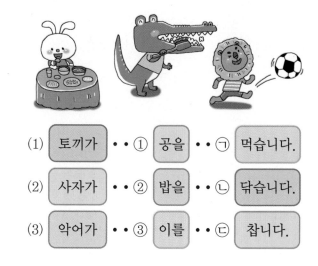

(1) 토끼가 ・・① 공을 ・・㉠ 먹습니다.

(2) 사자가 ・・② 밥을 ・・㉡ 닦습니다.

(3) 악어가 ・・③ 이를 ・・㉢ 찹니다.

[7. 생각을 나타내요]

14 다음 그림을 보고 바르게 표현한 문장을 찾아 ○표를 하세요.

(1) 지현이가 종이를 접습니다. 　（　　）
(2) 지현이가 종이를 꺾습니다. 　（　　）

[8. 소리 내어 또박또박 읽어요]

15 오른쪽 문장 부호에 대한 설명으로 알맞은 것은 어느 것인가요?
（　　　）

① 물음표라고 한다.
② 조금 쉬어 읽는다.
③ 설명하는 문장 끝에 쓴다.
④ 느낌을 나타내는 문장 끝에 쓴다.
⑤ 부르는 말이나 대답하는 말 뒤에 쓴다.

16~17

공 나르기 놀이를 했어요.
우리 차례가 왔어요.
주희가 보자기를 잡고 말했어요.

> ㉠

우리는 열심히 달렸어요.
우리 편이 이겼어요.

[8. 소리 내어 또박또박 읽어요]

16 주희와 친구들이 한 일은 무엇인지 쓰세요.

(   )

[8. 소리 내어 또박또박 읽어요]

17 ㉠에 들어갈 알맞은 말에 ○표를 하세요.

(1) 어서 들어가자.   (   )

(2) 어서 들어가, 자.   (   )

(3) 어서 들어. 가자!   (   )

18~19

20○○년 6월 30일 금요일 날씨: 해님이 웃는 날

규	리		집	에	서		생	일	잔	치
를		했	다	.		통	닭	과		과	자	를
맛	있	게		먹	었	다	.		내		생	일
도		빨	리		왔	으	면		좋	겠	다	.

[9. 그림일기를 써요]

18 글쓴이의 생각을 나타낸 부분을 찾아 쓰세요.

(   )

[9. 그림일기를 써요]

19 이와 같은 그림일기를 쓰는 방법으로 알맞지 않은 것은 어느 것인가요? (   )

① 인사말을 쓴다.

② 날짜와 요일, 날씨를 쓴다.

③ 겪은 일이 잘 드러나게 쓴다.

④ 자기의 생각을 솔직하게 쓴다.

⑤ 가장 중요한 내용을 그림으로 그린다.

서술형

[9. 그림일기를 써요]

20 그림을 보고 일어난 일에 어울리는 생각이나 느낌을 쓰세요.

우리 집 초롱이가 새끼를 낳았다. _____

_____

마무리 평가

1 토끼의 수를 세어 □ 안에 알맞은 수를 써 넣고, 그 수를 두 가지 방법으로 읽어 보세요.

[1. 9까지의 수]

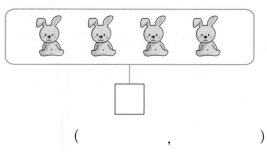

(,   )

2 주어진 그림보다 하나 더 적은 쪽에 ○표 하세요.

[1. 9까지의 수]

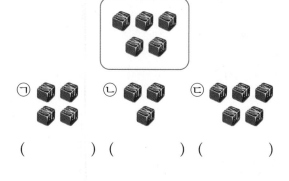

(   ) (   ) (   )

3 9명의 어린이들이 줄다리기를 하고 있습니다. 앞에서부터 여덟째에 있는 어린이와 뒤에서부터 다섯째에 있는 어린이의 이름을 차례로 쓰세요.

[1. 9까지의 수]

상철 지우 채영 지혜 한결 연우 현정 나린 호동

앞에서 여덟째 (   )

뒤에서 다섯째 (   )

4 그림을 보고 더 큰 수에 ○표 하세요.

[1. 9까지의 수]

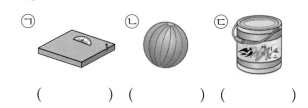

| 7 | 9 |

5 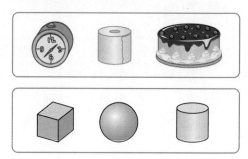 모양을 찾아 ○표 하세요.

[2. 여러 가지 모양]

ㄱ   ㄴ   ㄷ

(   ) (   ) (   )

6 관계있는 것끼리 선으로 이어 보세요.

[2. 여러 가지 모양]

(1) •   • ㄱ

(2) •   • ㄴ

(3) •   • ㄷ

7 어떤 모양을 모아 놓은 것인지 알맞은 모양에 ○표 하세요.

[2. 여러 가지 모양]

8 모양별로 몇 개씩 사용하여 만들었는지 세어 보세요.

[2. 여러 가지 모양]

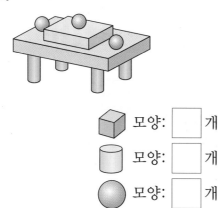

모양: ☐ 개

모양: ☐ 개

모양: ☐ 개

9 그림을 보고 빈 곳에 알맞은 수를 써넣으세요.

[3. 덧셈과 뺄셈]

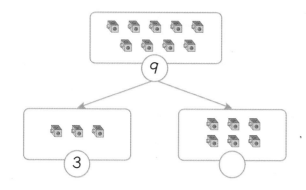

10 덧셈을 하고 덧셈식을 읽어 보세요.

[3. 덧셈과 뺄셈]

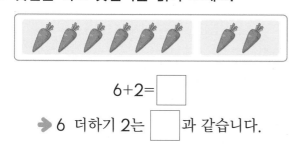

6+2=☐

➡ 6 더하기 2는 ☐ 과 같습니다.

11 ☐ 안에 +와 − 중 알맞은 것을 써넣으세요.

[3. 덧셈과 뺄셈]

7 ☐ 3 = 4

12 그림을 보고 뺄셈식을 만들어 보세요.

[3. 덧셈과 뺄셈]

식 _____

13 더 긴 쪽에 ◯표 하세요.

[4. 비교하기]

(   )

(   )

14 두 사람의 키를 비교하여 ☐ 안에 알맞은 말을 써넣으세요.

[4. 비교하기]

더 크다.   더 ☐ .

[4. 비교하기]

15 가장 무거운 쪽에 ○표, 가장 가벼운 쪽에 △표 하세요.

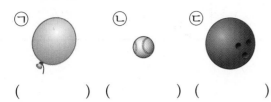

(   ) (   ) (   )

[4. 비교하기]

16 담을 수 있는 물의 양이 가장 많은 것과 가장 적은 것을 차례로 쓰세요.

가장 많은 것 (   )

가장 적은 것 (   )

[5. 50까지의 수]

17 왼쪽의 수를 두 가지로 읽어 보세요.

(1) | 19 |

읽기   ,

(2) | 21 |

읽기   ,

[5. 50까지의 수]

18 관계있는 것끼리 선으로 이어 보세요.

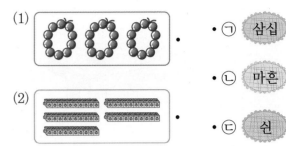

(1) · ·㉠ 삼십

(2) · ·㉡ 마흔

·㉢ 쉰

[5. 50까지의 수]

19 ☐ 안에 알맞은 수를 써넣으세요.

(1) ☐ 은 10개씩 묶음 4개와 낱개 7개입니다.

(2) 10개씩 묶음 2개와 낱개 2개는 ☐ 입니다.

(3) 10개씩 묶음 ☐ 개와 낱개 ☐ 개는 38입니다.

[5. 50까지의 수]

20 그림을 보고 더 큰 쪽에 ○표 하세요.

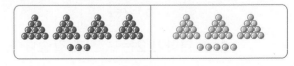

봄

[1. 학교에 가면]

1 학교 가는 길에 해야 할 행동으로 바르지 <u>않</u>은 것은 어느 것인가요? ( )

① 인도 바깥쪽으로 다닌다.
② 자동차 사이로 다니지 않는다.
③ 공사 중인 도로는 피해서 간다.
④ 차가 적게 다니는 길로 다닌다.
⑤ 육교나 횡단보도로 길을 건넌다.

[1. 학교에 가면]

2 학교에서 다음 물건들이 있어야 할 교실은 어디인지 보기 에서 찾아 쓰세요.

보기

과학실	음악실
급식실	컴퓨터실
도서관	보건실
체육관	돌봄 교실

(1) 반창고: ( )
(2) 식판: ( )

[1. 학교에 가면]

3 '안녕' 노래입니다. 빈곳에 들어갈 인사말은 무엇인지 쓰세요.

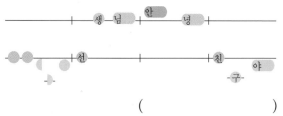

( )

서술형

[1. 학교에 가면]

4 학교에서 규칙이나 약속을 지키면 좋은 점은 무엇인지 한 가지 쓰세요.

_____

[1. 학교에 가면]

5 학교에서 본 것 중 그림으로 그리고 싶은 것을 그려 교실 꾸미기를 할 때 알맞지 <u>않은</u> 모습은 어느 것인가요? ( )

① 도서관에 간 모습
② 친구와 다투고 우는 모습
③ 급식실 영양 선생님 모습
④ 운동장에 있는 정글짐 모습
⑤ 1학년이 되어서 새로 알게 된 친구 모습

[2. 도란도란 봄 동산]

6 다음 꽃을 볼 수 있는 계절은 언제인지 쓰세요.

▲ 개나리

▲ 진달래

▲ 민들레

▲ 목련

( )

마무리 평가

[2. 도란도란 봄 동산]

7 다음은 봄에 볼 수 있는 어떤 모습을 몸으로 표현한 것인가요? (   )

① 꽃이 피는 모습
② 꽃이 지는 모습
③ 지렁이가 기어가는 모습
④ 나비가 날아다니는 모습
⑤ 개구리가 먹이를 먹는 모습

[2. 도란도란 봄 동산]

8 새싹과 꽃이 따뜻하게 지낼 수 있게 도와주는 것은 무엇인가요? (   )

① 물   ② 흙
③ 해   ④ 양분
⑤ 바람

서술형

[2. 도란도란 봄 동산]

9 자연을 보호하는 방법을 한 가지 쓰세요.

_____

_____

[2. 도란도란 봄 동산]

10 다음과 같은 놀이는 무엇인가요? (   )

① 닭싸움 놀이   ② 보물찾기 놀이
③ 모자 전달 놀이   ④ 문 열어라 놀이
⑤ 수건돌리기 놀이

여름

[1. 우리는 가족입니다]

11 가족에 대한 설명으로 바르면 ○표, 바르지 않으면 ✕표를 하세요.

(1) 어머니의 여동생은 고모입니다.
                                    (   )

(2) 아버지와 큰아버지를 낳아주신 분은 할아버지, 할머니입니다.   (   )

[1. 우리는 가족입니다]

12 가족 달리기 놀이에서 형제 달리기를 할 때의 가족 이름표가 바르게 짝지어진 것은 어느 것인가요? (   )

① 형 – 동생   ② 이모 – 이모부
③ 어머니 – 아버지   ④ 고모 – 고모부
⑤ 할아버지 – 할머니

[1. 우리는 가족입니다]

13 가족과 함께했던 일이 아닌 것은 어느 것인가요? (   )

① 동생의 돌잔치를 한 일
② 이모 결혼식에 갔던 일
③ 할머니 생신에 가족이 모였던 일
④ 설날에 할아버지께 세배를 한 일
⑤ 친구들과 놀이공원에 놀러 갔던 일

[1. 우리는 가족입니다]

14 '모여라' 놀이를 할 때 선생님께서 다음과 같이 외치면 '나'와 함께 모여야 할 사람은 누구인가요? (   )

"2촌 편 모여라."

① 동생   ② 이모
③ 어머니   ④ 아버지
⑤ 고종사촌

[1. 우리는 가족입니다]

15 다음 상황에서 '나'의 행동이 <u>잘못된</u> 까닭은 무엇인지 쓰세요.

> 아버지: 결혼 진심으로 축하하네.
> 어머니: 결혼 축하드려요.
> 삼촌: 이렇게 와 주셔서 감사합니다.
>   진영이도 왔구나?
> 나: (뒤로 숨으며) 네.

[2. 여름 나라]

16 에너지 아끼기 운동 구호로 바르지 <u>않은</u> 것은 어느 것인가요? (   )

① 부채를 사용하자.
② 에어컨 사용을 줄이자.
③ 냉장고 문을 자주 열었다 닫자.
④ 실내 적정 온도는 26~28℃를 지키자.
⑤ 3층 이하는 엘리베이터 대신 계단을 이용하자.

[2. 여름 나라]

17 다음은 더운 여름날 떠오르는 생각이나 느낌을 표현한 것입니다. 어울리는 것은 무엇인가요? (   )

① 눈이 오는 모습
② 매미가 우는 소리
③ 강아지가 자는 모습
④ 햇빛이 내리쬐는 모습
⑤ 나무가 초록색으로 우거진 모습

[2. 여름 나라]

18 '구슬비' 노래의 일부분입니다. 구슬비를 나타내는 노랫말은 무엇인지 모두 쓰세요.

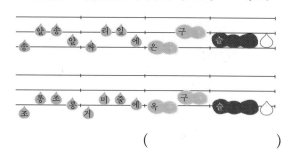

(   )

[2. 여름 나라]

19 태풍 놀이를 할 때 '작은 태풍'이 되면 어떻게 해야 하는지 쓰세요.

[2. 여름 나라]

20 다음과 같은 작품을 표현할 때 필요한 준비물을 모두 고르세요. (,   )

① 붓   ② 가위
③ 물감   ④ 크레파스
⑤ 스펀지

마무리 평가 **129**

마무리 평가

1~2

[1. 바른 자세로 읽고 쓰기]

1 그림 ①~④ 가운데 바른 자세로 글씨를 쓰고 있는 친구는 누구인지 번호를 쓰세요.

(   )

[1. 바른 자세로 읽고 쓰기]

2 ①번 친구의 자세에서 고칠 점으로 알맞은 것을 모두 고르세요. (,   )

① 손으로 턱을 괴고 앉아야 한다.

② 다리를 가지런하게 두어야 한다.

③ 고개를 너무 숙이지 않아야 한다.

④ 공책과 눈의 거리를 가깝게 해야 한다.

⑤ 글씨를 쓰지 않는 손은 의자에 두어야 한다.

[1. 바른 자세로 읽고 쓰기]

3 다음 중 연필을 바르게 잡는 방법으로 알맞은 것에 ○표를 하세요.

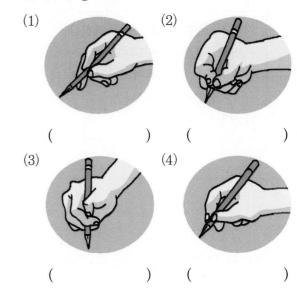

(1) (   )   (2) (   )

(3) (   )   (4) (   )

[2. 재미있게 ㄱㄴㄷ]

4 'ㅂ'을 순서에 맞게 쓴 것은 어느 것인가요? (   )

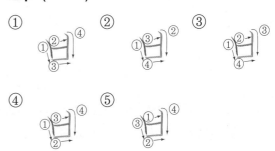

[2. 재미있게 ㄱㄴㄷ]

5 다음 그림에서 몸으로 만든 자음자가 무엇인지 각각 쓰세요.

(1)   (2)   (3)

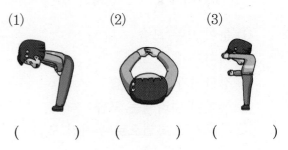

(   )   (   )   (   )

[3. 다 함께 아야어여]

6 다음에서 몸으로 만든 모음자가 무엇인지 각각 쓰세요.

(1)

(　　　　　　)

(2)

(　　　　　　)

(3)

(　　　　　　)

(4)

(　　　　　　)

[3. 다 함께 아야어여]

7 모음자와 그 이름을 선으로 이으세요.

(1) ㅑ　•

(2) ㅕ　•

(3) ㅛ　•

(4) ㅠ　•

•㉠ 여

•㉡ 야

•㉢ 요

•㉣ 유

[3. 다 함께 아야어여]

8 그림을 보고 알맞은 모음자를 보기 에서 찾아 빈 곳에 쓰세요.

> **보기**
>
> ㅏ, ㅓ, ㅗ, ㅜ, ㅡ, ㅣ

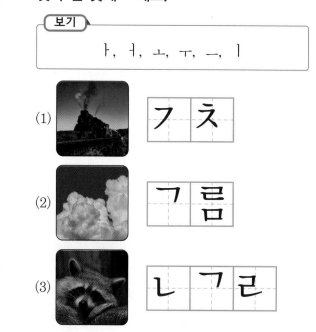

(1) ㄱ ㅊ

(2) ㄱ 름

(3) ㄴ ㄱ ㄹ

> **9~10**
>
> ㉠우리 ㉡모두 다 같이 손뼉을
> 우리 모두 다 같이 손뼉을
> 우리 모두 다 같이 즐겁게 노래해
> 우리 모두 다 같이 손뼉을

[4. 글자를 만들어요]

9 ㉠'우리'를 자음자와 모음자로 나누어 쓰세요.

(1) 자음자 ⇨ (　　　　), (　　　　)

(2) 모음자 ⇨ (　　　　), (　　　　)

[4. 글자를 만들어요]

10 ㉡'모두'와 같이 모음자가 자음자의 아래쪽에 있는 낱말은 어느 것인가요? (　　　)

① 다리　　　② 가지

③ 우유　　　④ 바나나

⑤ 잠자리

마무리 평가

11~12

우리 서로 학굣길에 만나면 만나면
웃는 얼굴 하고 인사 나눕시다 얘들아 안녕

하루 공부 마치고서 집으로 갈 때도
헤어지기 전에 인사 나눕시다 얘들아 안녕

[5. 다정하게 인사해요]

11 다음 가운데 이 글의 내용과 관련 있는 그림은 어느 것인가요? (   )

① ②
③ ④
⑤

[5. 다정하게 인사해요]

12 이와 같이 웃는 얼굴로 반갑게 인사를 나누면 좋은 점은 무엇인가요? (   )

① 꾸중을 듣게 된다.
② 서로 더 멀어진다.
③ 마음이 불편하게 된다.
④ 서로 기분이 좋아진다.
⑤ 예의가 없어지게 된다.

[5. 다정하게 인사해요]

13 다음과 같은 인사말을 해야 할 상황으로 알맞은 것은 어느 것인가요? (   )

> 치료해 주셔서 고맙습니다.

① 친구가 상을 받았을 때
② 길에서 아는 어른을 만났을 때
③ 아버지께서 집에 돌아오셨을 때
④ 이웃집에서 음식을 가져다 주셨을 때
⑤ 보건 선생님께서 치료를 해 주셨을 때

[6. 받침이 있는 글자]

14 **보기** 와 같이 빈칸에 자음자를 넣어 받침이 있는 글자를 만드세요.

보기

 파 파 / ㄹ

 무 무 / □

[6. 받침이 있는 글자]

15 세 글자에 모두 들어가는 받침을 쓰세요.

(1)  달 말 발 □

(2) 감 곰 밤 □

16 오른쪽 그림을 문장으로 알맞게 나타낸 것은 어느 것인가요? (　　)

[7. 생각을 나타내요]

① 항아리가 많이 있다.
② 항아리를 씻고 있다.
③ 항아리에 구멍이 났다.
④ 항아리를 만들고 있다.
⑤ 항아리에서 개구리가 나왔다.

17 다음 시를 읽고 어떤 생각이나 느낌이 드는지 쓰세요.

[7. 생각을 나타내요]

꽃잎은 좋겠다,	나무는 좋겠다,
세수 안 해도.	목욕 안 해도.
방울방울 이슬이	주룩주룩 소나비
닦아 주니까.	씻어 주니까.

_____

_____

18 세 동물이 읽은 문장의 뜻이 서로 다른 까닭으로 알맞은 것에 ○표를 하세요.

[8. 소리 내어 또박또박 읽어요]

(1) 글자를 잘못 읽어서　　(　　)
(2) 받침을 빼고 읽어서　　(　　)
(3) 띄어 읽기가 서로 달라서　　(　　)

19~20

20○○년 6월 30일 금요일

규	리		집	에	서		생	일	잔	치
를		했	다	.		통	닭	과		과	자	를
맛	있	게		먹	었	다	.		내		생	일
도		빨	리		왔	으	면		좋	겠	다	.

19 이 그림일기에서 빠진 것은 어느 것인가요? (　　)

[9. 그림일기를 써요]

① 글　　　　② 그림
③ 날씨　　　④ 날짜
⑤ 생각이나 느낌

20 이 그림일기의 내용을 바르게 말한 친구는 누구인가요? (　　)

[9. 그림일기를 써요]

① 건우: 규리와 다툰 일을 썼어.
② 태겸: 자신의 생일날 있었던 일을 썼어.
③ 하성: 통닭과 과자를 사 먹은 일을 썼어.
④ 태서: 규리 집에서 생일잔치를 한 일을 썼어.
⑤ 준이: 규리가 자신의 집에 놀러온 일을 썼어.

마무리 평가

1 [1. 9까지의 수]

왼쪽의 수만큼 ○로 묶어 보고, 묶지 않은 것을 세어 오른쪽 빈칸에 알맞은 수를 써넣으세요.

| 7 | 🍎🍎🍎🍎🍎
🍎🍎🍎🍎🍎 | |

써술형

2 [1. 9까지의 수]

어린이들이 달리기를 하고 있습니다. 7등으로 달리고 있는 어린이는 누구인지 풀이 과정을 쓰고 답을 구하세요.

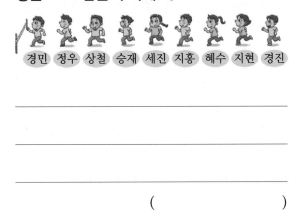

경민 정우 상철 승재 세진 지홍 혜수 지현 경진

_____

_____

_____

( )

3 [1. 9까지의 수]

☐ 안에 알맞은 수를 써넣으세요.

(1) 7보다 I만큼 더 큰 수는 ☐ 입니다.

(2) 9보다 I만큼 더 작은 수는 ☐ 입니다.

4 [1. 9까지의 수]

더 큰 수에 ○표 하세요.

| 6 | 8 |

( ) ( )

5 [2. 여러 가지 모양]

⚪ 모양은 모두 몇 개인가요?

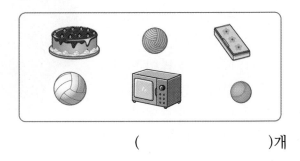

( )개

6 [2. 여러 가지 모양]

그림은 어떤 모양의 일부분을 나타낸 것입니다. 같은 모양을 찾아 기호를 쓰세요.

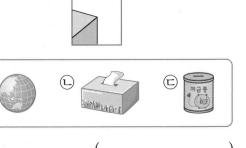

ㄱ 🌐   ㄴ 🧻   ㄷ 🥫

( )

7 [2. 여러 가지 모양]

어느 방향으로도 잘 굴러가지 <u>않는</u> 모양을 찾아 기호를 쓰세요.

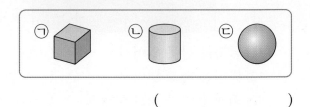

ㄱ 🔲   ㄴ 🟫   ㄷ ⚪

( )

[2. 여러 가지 모양]

8 모양별로 사용한 수를 ☐ 안에 써넣으세요.

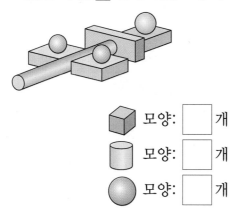

🔲 모양: ☐ 개

🔘 모양: ☐ 개

⚫ 모양: ☐ 개

[3. 덧셈과 뺄셈]

9 주사위의 눈을 모아 4가 되는 것에 ○표 하세요.

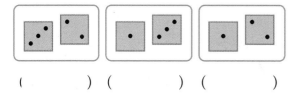

(   ) (   ) (   )

[3. 덧셈과 뺄셈]

10 도미노를 보고 덧셈을 하세요.

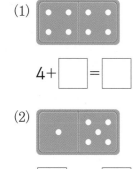

(1)

4+ ☐ = ☐

(2)

☐ +5= ☐

서술형

[3. 덧셈과 뺄셈]

11 숫자 카드 중에서 가장 큰 수와 가장 작은 수의 차는 얼마인지 풀이 과정을 쓰고 답을 구하세요.

| 8 | 5 | 7 | 0 |

_____

_____

_____

(   )

[3. 덧셈과 뺄셈]

12 곶감 9개가 있습니다. 그중에서 몇 개를 먹었더니 2개가 남았습니다. 먹은 곶감은 몇 개인지 구하세요.

(   )개

[4. 비교하기]

13 길이가 짧은 것부터 차례로 번호를 쓰세요.

㉠   (   )

㉡   (   )

㉢   (   )

[4. 비교하기]

14 관계있는 것끼리 선으로 이어 보세요.

더 무겁다. 더 가볍다.

[4. 비교하기]

15 두 사람 중 넓이를 바르게 비교한 사람을 찾아 이름을 쓰세요.

가   나   다

• 준수: 다는 가보다 더 좁습니다.
• 미희: 나는 다보다 더 넓습니다.

(   )

[4. 비교하기]

16 왼쪽보다 담을 수 있는 양이 더 적은 것을 찾아 기호를 쓰세요.

(   )

[5. 50까지의 수]

17 그림을 보고 □ 안에 알맞은 수를 써넣으세요.

10개씩 묶음 1개와 낱개 ☐ 개이므로

☐ 입니다.

[5. 50까지의 수]

18 잘못 짝지어진 것의 기호를 쓰세요.

| ㉠ 스물 – 20 | ㉡ 서른 – 30 |
| ㉢ 마흔 – 40 | ㉣ 쉰 – 45 |

(   )

[5. 50까지의 수]

19 보경, 지혜, 인영, 윤석이가 극장 매표소에서 순서대로 번호표를 뽑았습니다. 윤석이의 번호표가 24번이라면 보경이가 뽑은 번호표는 몇 번일까요?

(   )번

[5. 50까지의 수]

20 세 수 중 가장 작은 수를 쓰세요.

| 32 | 27 | 41 |

(   )

봄

[1. 학교에 가면]

1 학교 주변의 여러 시설과 역할을 바르게 짝 지은 것은 어느 것인가요? (   )

① 문구점-어린이들이 즐겁게 노는 곳이다.
② 지구대-학교생활에 필요한 준비물을 사는 곳이다.
③ 버스 정류장-마을 사람들이 물건을 살 수 있는 곳이다.
④ 주민 센터- 마을 사람들의 생활에 필요한 일을 처리하는 곳이다.
⑤ 편의점-어린이들과 마을 사람들이 안전하게 살아갈 수 있도록 도움을 주는 곳이다.

[1. 학교에 가면]

2 학교 운동장에 있는 것이 <u>아닌</u> 것은 어느 것인가요? (   )

① 시소   ② 교문
③ 책상   ④ 수돗가
⑤ 축구 골대

[1. 학교에 가면]

3 학교 안 교실에서 다음과 같은 모습을 볼 수 있는 곳은 어디인지 쓰세요.

(   )

[1. 학교에 가면]

4 건강해지기 위해 지키면 좋은 약속은 어느 것인가요? (   )

① 인사를 잘한다.
② 뛰어다니지 않는다.
③ 음식을 골고루 먹는다.
④ 재활용품은 분류해서 버린다.
⑤ 어려움에 빠진 친구를 도와준다.

[2. 도란도란 봄 동산]

5 봄의 모습은 어느 것인가요? (   )

① 눈이 덮여 있는 모습
② 시냇물이 꽁꽁 언 모습
③ 나뭇가지에 눈이 쌓인 모습
④ 겨울잠을 자는 동물의 모습
⑤ 새싹이 돋고 꽃이 피는 모습

[2. 도란도란 봄 동산]

6 오른쪽 모습은 어떤 동물을 흉내 낸 것인가요?
(   )

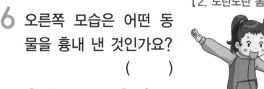

① 곰   ② 뱀
③ 달팽이   ④ 제비
⑤ 개구리

[2. 도란도란 봄 동산]

7 봄 동산에 사는 친구를 만들어 본 것입니다. 필요한 것을 모두 고르세요. (,   )

① 색 솜   ② 색종이
③ 손도장   ④ 요구르트 병
⑤ 종이컵

[2. 도란도란 봄 동산]

8 화분에 씨앗을 심는 과정을 순서 없이 나타 낸 것입니다. 가장 먼저 해야 할 일은 어느 것인지 기호를 쓰세요.

㉠ ㉡ ㉢
㉣ ㉤ ㉥

(   )

[2. 도란도란 봄 동산]

9 꽃이나 새싹이 잘 자라기 위해 꼭 필요한 것을 세 가지 쓰세요.

_____

[2. 도란도란 봄 동산]

10 나무를 아끼고 사랑하는 모습을 찾아 기호 를 쓰세요.

㉠ ㉡

㉢ ㉣

(   )

[2. 도란도란 봄 동산]

11 자연을 보호하는 모습으로 알맞은 것은 어 느 것인가요? (   )

① 나무 위에 올라간다.
② 손을 닦은 휴지는 바닥에 버린다.
③ 심심하면 작은 동물들을 괴롭힌다.
④ 쓰레기는 분류해서 정해진 곳에 버린다.
⑤ 나들이를 갈 때는 되도록 일회용품을 사 용한다.

여름

[1. 우리는 가족입니다]

12 아버지와 어머니가 낳은 사람은 누구인가요?
(   )

① 동생   ② 고모
③ 아버지   ④ 이모부
⑤ 큰아버지

[1. 우리는 가족입니다]

13 가족 말판 놀이에서 사용하는 말판의 일부 분입니다. ㉠에 알맞은 답은 무엇인가요?
(   )

가족의 가족 ㅊㅊ	아버지의 형 ㅋㅇㅂㅈ	어머니의 여동생 ㅇㅁ	아버지의 아버지 ㅎㅇㅂㅈ	← 출발
폭탄이 펑 처음으로				고모가 결혼하면 나에게 ㄱㅁㅂ가 생겨요. ㉠

① 형   ② 고모부
③ 삼촌   ④ 이모부
⑤ 큰아버지

[1. 우리는 가족입니다]

14 가족에게 감사의 마음을 전하기 위해 카드를 만들려고 합니다. 가장 나중에 해야 할 일은 무엇인가요? ( )

① 글을 쓰고 꾸민다.

② 그림을 잘라서 붙인다.

③ 도화지를 반으로 접는다.

④ 친척을 그리고 색칠한다.

⑤ 도화지, 색연필, 사인펜 등을 준비한다.

[1. 우리는 가족입니다]

15 다음 중 예절 바른 행동이 <u>아닌</u> 것은 어느 것인가요? ( )

① 어른들께는 높임말을 쓴다.

② 학교 갈 때 부모님께 인사를 한다.

③ 어른을 만나면 앞으로 가서 인사한다.

④ 어른이 먼저 식사하신 후에 내가 한다.

⑤ 밥 먹을 때는 즐겁게 돌아다니면서 먹는다.

[2. 여름 나라]

16 다음 도구들을 사용하는 계절은 언제인가요? ( )

① 봄 　　　　② 여름

③ 가을 　　　 ④ 겨울

⑤ 모든 계절

[2. 여름 나라]

17 비나 태풍이 오면 우리 생활에서 어떤 점이 좋지 않은가요? ( )

① 시원하다.

② 농작물이 잘 자란다.

③ 빨래가 잘 마르지 않는다.

④ 사용할 수 있는 물이 많아진다.

⑤ 비옷을 입고 물웅덩이에서 놀면 재미있다.

[2. 여름 나라]

18 태풍 놀이를 하는 방법으로 바른 것은 어느 것인지 기호를 쓰세요.

> ㉠ 술래 '작은 태풍'을 정한다.
> ㉡ '태풍'은 제자리에서 팔만 흔들어 친구를 잡는다.
> ㉢ 모두 다 '태풍'이 되면 놀이가 끝난다.
> ㉣ '태풍'에게 잡히면 '작은 태풍'이 된다.

( )

서술형

[2. 여름 나라]

19 물을 아껴 써야 하는 까닭을 한 가지 쓰세요.

_____

[2. 여름 나라]

20 다음은 '해 마을'과 '비 마을' 중 어느 곳에서 필요한 도구인지 쓰세요.

( )

마무리 평가

점수 기록표

실전과 같이 마무리 평가를 풀어 보고, 틀린 문항은 시험 직전에 다시 한 번 풀어 보세요.

과목	횟수	틀린 문항	점수	확인
국어	1회			
	2회			
	3회			
	4회			
수학	1회			
	2회			
	3회			
	4회			
봄·여름	1회			
	2회			
	3회			
	4회			

1-1

정답과 풀이

[국어]

 **국어 1 회**   10~13쪽

1 ⓒ **2** ② **3** ③, ④ **4** (3)-○ **5** ④ **6**
② **7** (1)-② (2)-④ (3)-③ (4)-① **8** (2)-
○ **9** ⑤ **10** ④ **11** ③ **12** ⑤ **13** 나무
14 (1)-가위 (2)-색종이 **15** ④

국어 활동 확인

1 (1)-② (2)-③ (3)-① **2** (1)-○ **3**
(2)-○

풀이

1 ❼번 친구는 선생님을 바라보지 않고 다른 곳을
보고 있습니다.

> **다시 한 번 확인해요!**
>
> 바르게 듣는 자세 ➡ 8쪽
> 말하는 사람을 바라보며 들으면 그 사람에게 집중
> 할 수 있고, 강조하는 내용이 무엇인지 쉽게 살필
> 수 있으며, 말하는 내용을 실감 나게 이해하고 정확
> 하게 알아들을 수 있습니다.

2 다리를 바닥에 가지런히 두고 들어야 합니다.

3 말하는 사람의 몸짓을 바라보며 들으면 말하는
내용을 더 실감 나게 이해하고, 정확하게 알아들
을 수 있습니다.

4 허리를 곧게 펴고 바르게 앉아 책과 눈의 거리를
알맞게 해야 합니다.

> **다시 한 번 확인해요!**
>
> 바르게 읽는 자세 ➡ 8쪽
> 의자를 당겨서 앉고, 고개를 바르게 합니다.

5 그림을 보면 학교라는 것을 짐작할 수 있으므로
빈칸에는 '친구'가 들어가는 것이 알맞습니다.

6 '아버지', '어머니', '아기', '나'가 어떤 관계인
지 생각해 봅니다.

7 그림에 어울리는 글자를 찾아 봅니다.

8 다리를 가지런하게 두고, 공책과 눈의 거리를 적
당히 합니다. 또, 글씨를 쓰지 않는 손은 공책을
누릅니다.

> **다시 한 번 확인해요!**
>
> 바르게 쓰는 자세 ➡ 9쪽
> 허리를 곧게 펴고 다리를 가지런히 모으고 앉으며,
> 고개를 너무 많이 숙이지 않고 책과 눈 사이의 거
> 리를 알맞게 해야 바르게 쓰는 자세입니다.

9 호랑이는 다리를 꼬고 앉았습니다.

10 바른 자세로 써야 몸이 불편하지 않게 바른 글씨
를 쓸 수 있습니다.

11 연필을 너무 세우거나 눕히지 않고, 엄지손가락
과 집게손가락을 둥글게 하여 잡습니다. ①은 연
필을 너무 눕혀 잡았습니다.

> **다시 한 번 확인해요!**
>
> 연필을 잡는 방법 ➡ 9쪽
> 연필을 바르게 잡고 써야 글씨를 반듯하고 예쁘게
> 쓸 수 있습니다.

12 그림에 나와 있는 동물이나 식물이 무엇인지 살
펴봅니다.

13 '나무'를 빈칸에 바르게 써 봅니다.

14 물건의 이름을 한 글자씩 또박또박 써 봅니다.

15 그림에 어울리는 낱말이 맞춤법에 맞는지 잘 살
펴봅니다.

국어 활동 확인

1 사진을 보면서 낱말을 소리 내어 읽어 봅니다.

2 허리를 곧게 펴고, 다리를 가지런히 모으고 앉습
니다.

3 연필을 너무 세우거나 눕히지 않습니다.

![강아지 캐릭터] 국어 ❷ 회   16~19쪽

1 ⑤　2 ①　3 ㄱ, ㄷ, ㅁ, ㅂ, ㅇ　4 (1)-㉠
(2)-㉢　(3)-㉡　5 ③　6 ⑤　7 (1)-ㅁ, ㅈ
(2)-ㅈ, ㄱ, ㄹ (3)-ㅂ, ㅈ (4)-ㅊ, ㅁ　8 ③
9 ①　10 (2)-○　11 ③　12 ⑤　13 (1)-ㅜ
(2)-ㅗ, ㅣ (3)-ㅗ, ㅜ, ㅏ　14 ⑤　15 사자

국어 활동 확인

1 (1)-기차, 고모 (2)-자루, 나라, 노루
(3)-낙타, 토끼, 사탕　2 (1)-6개 (2)-3
개　3 (1)-ㅕ, ㅣ, 여자 (2)-ㅠ, ㅓ, 주사

풀이

1 그림에서 찾을 수 있는 자음자는 'ㄱ, ㄴ, ㄷ, ㅇ,
ㅈ, ㅊ, ㅋ'입니다.

2 'ㄱ'은 '기역'이라고 읽습니다.

> 다시 한 번 확인해요!
>
> **주의해야 할 자음자 이름 ➡ 14쪽**
> ① '기역'을 '기윽'이라고 읽지 않도록 합니다.
> ② '디귿'을 '디읃'이라고 읽지 않도록 합니다.
> ③ '시옷'을 '시읏'이라고 읽지 않도록 합니다.
> ④ '티읕'을 '티긑'이라고 읽지 않도록 합니다.

3 그림에는 'ㄱ, ㄷ, ㅁ, ㅂ, ㅇ'이 있습니다.

4 몸이나 손으로 직접 자음자를 만들어 봅니다.

> 다시 한 번 확인해요!
>
> **자음자 이름을 익히는 방법 ➡ 14쪽**
> ① 노래를 부르며 익힙니다.
> ② 놀이를 하며 익힙니다.
> ③ 자음자 모양을 직접 만들며 익힙니다.

5 'ㅂ'은 ![ㅂ 쓰는 순서]의 순서로 씁니다.

6 '포도'와 '파인애플'의 첫 자음자는 'ㅍ'입니다.

7 '모자', '저고리', '바지', '치마'입니다.

8 'ㅇ'는 자음자입니다.

9 몸으로 모음자를 만들어 봅니다.

> 다시 한 번 확인해요!
>
> **몸으로 모음자 모양 만들기**
>
>  ◀ 모음 'ㅏ'　 ◀ 모음 'ㅣ'

10 'ㅕ', 'ㅛ'는 짧은 선을 먼저 씁니다.

> 다시 한 번 확인해요!
>
> **모음자의 이름과 쓰는 순서 ➡ 15쪽**
>
> | ![아] | ![야] | ![어] | ![여] | ![오] |
> | --- | --- | --- | --- | --- |
> | 아 | 야 | 어 | 여 | 오 |
> | ![요] | ![우] | ![유] | ![으] | ![이] |
> | 요 | 우 | 유 | 으 | 이 |

11 그림 속에 'ㅕ'는 나타나 있지 않습니다.

12 '하하하'에서 모음자를 'ㅗ'로 바꾸면 '호호호'
가 됩니다.

> 다시 한 번 확인해요!
>
> **모음자가 변하면서 달라지는 느낌 ➡ 15쪽**
> 'ㅗ'가 들어가면 귀여운 느낌이지만, 'ㅜ'가 들어가
> 면 무거운 느낌이 듭니다.

13 '무', '오이', '고구마'에서 들어 있는 모음자를
생각하며 바르게 써 봅니다.

14 '하마', '바나나'는 모음자 'ㅏ'가 들어 있습니다.

국어 활동 확인

1 낱말에 나오는 자음자를 찾아 봅니다.

2 'ㅏ'는 '빨, 간, 파, 란, 각, 감'에 있으며, 'ㅣ'는
'이, 리, 시'에 있습니다.

3 '여자'의 모음자는 'ㅕ', 'ㅏ'이며, '주사'의 모음
자는 'ㅜ', 'ㅏ'입니다.

1 ④   2 ⑩ 머리, 사자   3 (1)-소 (2)-차   4 므   5 (1)-머리 (2)-다리   6 (1)-구 (2)-오 (3)-리   7 (1)-ⓒ (2)-㉠ (3)-㉣ (4)-㉤ (5)-㉢   8 ①, ③   9 얘들아 안녕   10 ③   11 ②   12 ③   13 (2)-○   14 (1)-① (2)-② (3)-④ (4)-③   15 ⑩ 자리를 양보해 주어서 정말 고마워.

국어 활동 확인

1 (1)-왼쪽 (2)-오른쪽   2 (1)-② (2)-① 3 (1)-ㅏ (2)-ㅂ (3)-나비   4 ②, ③, ④

풀이

1 나무에 모음자 'ㅚ'는 나와 있지 않습니다.

2 모음자가 오른쪽에 있는 낱말에는 '머리, 사자, 마차, 하마, 다리' 등 여러 가지가 있습니다.

> **다시 한 번 확인해요!**
>
> **글자에서 모음자가 있는 곳 알기 ➡ 20쪽**
> 글자에서 모음자가 있는 곳은 자음자의 오른쪽이나 아래쪽입니다.
> ⑩ 오른쪽: '아', '야', '어', '여', '이'
>   아래쪽: '오', '요', '우', '유', '으'

4 자음자 'ㅁ'과 모음자 'ㅡ'가 만나면 '므'가 됩니다.

5 '머리'와 '다리'를 빈칸에 바르게 써 봅니다.

6 공통으로 들어갈 글자가 무엇인지 생각해 봅니다.

7 이외에도 'ㅔ(에), ㅟ(위)'가 있습니다.

8 학굣길에 만날 때, 집으로 갈 때 헤어지기 전에 인사를 나눈다고 하였습니다.

9 '얘들아 안녕'이라고 인사하였습니다.

10 인사를 주고받는다고 해서 공부를 잘할 수 있는 것은 아닙니다.

> **다시 한 번 확인해요!**
>
> **인사를 주고받으면 좋은 점 ➡ 21쪽**
> 인사를 주고받으면 서로 더 가까운 사이가 될 수 있고, 기분이 좋아지며, 예의를 갖추게 되고 칭찬을 받을 수도 있습니다.

11 밥을 다 먹은 뒤에는 고마운 마음을 담아 잘 먹었다는 인사를 해야 합니다.

> **다시 한 번 확인해요!**
>
> **인사할 때의 바른 자세 ➡ 21쪽**
> 인사할 때는 마음을 담아 예의바르고 공손하게 하며, 상황에 어울리는 표정을 짓고 알맞은 인사말을 합니다.

12 학교를 마치고 집으로 돌아갈 때 선생님께 하는 인사입니다.

13 예의바르게 인사하면 나와 상대방의 기분이 좋아집니다.

14 상황에 알맞은 인사말을 알아봅니다.

> **다시 한 번 확인해요!**
>
> **상황에 알맞은 인사말 ➡ 21쪽**
> • 축하할 일이 생겼을 때:
> ⑩ 축하드려요. / 정말 축하해.
> • 미안한 일이 생겼을 때:
> ⑩ 죄송합니다. / 미안해. 조심할게.
> • 고마운 일이 생겼을 때:
> ⑩ 고맙습니다. / 고마워.

15 자리를 양보한 친구에게 고마운 마음을 담아 인사를 해야 합니다.

국어 활동 확인

1 낱말에 나오는 모음자를 찾아봅니다.

2 '가'와 '마'는 모음자가 자음자의 오른쪽에 있으며, '구'와 '두'는 모음자가 자음자의 아래쪽에 있습니다.

3 '나비' 사진입니다.

4 서로 기분이 좋아지는 인사말을 고릅니다.

국어 **4** 회   28~31쪽

1 손수건, 줄넘기   2 ②   3 ⑤   4 (1)-팔 (2)-문   5 (1)-잠 (2)-ㅗ (3)-ㅗ, ㅅ (4)-ㄱ   6 ① 7 문을 열고 동물원을 나가려고 합니다.   8 (1)-㉠ (2)-㉡   9 (3)-○   10 (1)-씁니다. (2)-탑니다. (3)-흔듭니다.   11 용궁 / 바닷속 12 ④   13 ③   14 달팽이가 꼼짝도 하지 않았기 때문에   15 (1)-1 (2)-3 (3)-2

국어 활동 확인

1 ㄹ   2 (1)-찹니다. (2)-던집니다.   3 (1)-㉎ 학교에 갑니다. (2)-㉎ 인사를 합니다. (3)-㉎ 놀기를 (4)-㉎ 그림 그리기를

풀이

1 손수건과 줄넘기라고 하였습니다.

2 다람쥐는 토끼가 말해 준 준비물을 듣고도 글자를 정확하게 쓰지 않았습니다.

다시 한 번 확인해요!

글자를 정확하게 써야 하는 까닭 ➡ 26쪽
글자를 정확하게 쓰면 하고 싶은 말을 정확하게 전달할 수 있고, 자신의 마음도 잘 전할 수 있습니다.

3 필요한 준비물을 사지 못하고 다지 집으로 돌아가거나 토끼에게 다시 전화를 걸어서 물어보았을 것입니다.

4 그림에 알맞은 낱말이 무엇인지 생각해 봅니다.

5 자음자+모음자+자음자가 모여 이루어진 글자를 생각해 봅니다.

다시 한 번 확인해요!

받침이 있는 글자의 짜임 ➡ 26쪽
받침이 있는 글자는 '자음자+모음자+자음자'의 짜임으로 이루어집니다. 마지막 자음은 '받침'으로, 글자의 아래쪽에 씁니다.

6 '른자'는 '글자'를 뒤집어 쓴 것입니다.

7 곰이 문을 열고 동물원을 나가려고 합니다.

8 글자를 소리 내어 읽어 보면 '옷'은 '올'으로 소리 나고, '숲'은 '숩'으로 소리 납니다.

9 선녀들이 목욕을 하고 있고, 나무꾼이 선녀가 벗어 놓은 옷을 가지고 도망치고 있습니다.

다시 한 번 확인해요!

그림을 보고 문장 만들기 ➡ 27쪽
주요 인물의 모습과 행동을 살펴보고, 배경 그림에 나오는 것을 살펴보고 말해야 합니다.

10 가족의 동작이 어떤지 살펴봅니다.

다시 한 번 확인해요!

그림을 보고 문장 만들기 ➡ 27쪽
그림을 보고 문장 만들기
① 그림을 보고 누가 있는지, 무엇이 있는지 알아봅니다.
② 무엇을 하고 있는지, 어떤 일이 일어났는지 자세히 살펴봅니다.
③ 그림에 어울리는 문장을 만듭니다.
④ 문장을 쓰고 소리 내어 읽어 봅니다.
⑤ 틀린 맞춤법은 없는지 확인합니다.

11 자라가 용왕을 살리기 위해 토끼를 등에 태우고 용궁(바닷속)으로 온 이야기를 나타낸 그림입니다.

12 그림에 '여우'는 나와 있지 않습니다.

13 그림을 보고 만들 수 있는 문장을 생각해 봅니다.

14 아빠 손바닥 위에 있는 달팽이가 꼼짝도 하지 않자, 작은 돌멩이 같다고 하였습니다.

15 풀숲에서 달팽이를 발견하고 집으로 가져와 달팽이 집을 만들어 준 이야기입니다.

국어 활동 확인

1 낱말에 나오는 모음자를 찾아 봅니다.

2 우선 그림을 보고 인물의 모습이나 행동을 생각하여 본 뒤에 알맞은 낱말을 골라 씁니다.

3 낱말에 나오는 모음자를 찾아 봅니다.

1 ② **2** (1)-ⓒ (2)-ⓐ (3)-ⓑ (4)-ⓓ **3**
③ **4** ④ **5** ① **6** 누가 먼저 나그네의 외투
를 벗기는지 **7** ⑤ **8** ? **9** ⓒ-ⓑ-ⓓ-ⓐ-
ⓔ **10** ④ **11** ④ **12** ⑤ **13** ② **14** ② **15**
(1) ○

국어 활동 확인

1 (1) ⓓ 강아지들이 정말 귀여웠다. 아프
지 않고 잘 자랐으면 좋겠다. (2) 아버지께
서 만드신 볶음밥은 정말 맛있었다. 어머
니께서 만드신 볶음밥보다 더 맛있는 것
같았다. **2** (1) ⓓ 수학 시간에 발표한 일
(2) ⓓ 수학 시간에 발표를 했다. 선생님께
서 칭찬해 주셨다. 정말 기분이 좋았다.

풀이

1 글을 바르게 띄어 읽지 않으면 내용을 정확히 알
수 없습니다.

다시 한 번 확인해요!

글을 띄어 읽어야 하는 까닭 ➡ 32쪽
글을 띄어 읽어야 하는 까닭
① 뜻을 바르게 이해할 수 있습니다.
② 띄어 읽지 않으면 무슨 뜻인지 알기 어렵습니다.
③ 바르게 띄어 읽어야 글의 뜻을 쉽게 알 수 있습
니다.
④ 내용을 바르게 전달할 수도 있습니다.

2 ,(쉼표), .(마침표), !(느낌표), ?(물음표)입니다.

다시 한 번 확인해요!

문장 부호가 있는 곳에서는 반드시 띄어 읽습니다.

3 쉼표는 왼쪽 아래에 씁니다.

4 이 글은 현수가 민지에게 쓴 편지로, 민지가 강아
지 복실이와 친구가 되었다는 사실을 기뻐하고
있습니다.

5 쉼표는 부르는 말이나 대답하는 말 뒤에 씁니다.

6 샘이 많은 바람이 해를 찾아와 누가 먼저 나그네
의 외투를 벗기는지 내기를 하자고 하였습니다.

7 '!(느낌표)는 느낌을 나타내는 문장 끝에 쓰고,
감정을 넣어 읽습니다.

8 '어떻게' 라면서 물어보고 있으므로 ?(물음표)가
들어가야 합니다.

9 하루 동안 겪은 일 중에서 기억에 남는 일을 고르
고, 날짜와 요일, 날씨를 모두 쓴 다음, 그림을 그
리고 내용을 씁니다. 그리고 쓴 것을 다시 읽고
다듬어 마무리합니다.

10 '받을 사람' 은 편지에 들어갈 내용으로 알맞습니
다.

다시 한 번 확인해요!

그림일기에 들어가야 할 것 ➡ 33쪽
그림일기에는 그 날의 날짜와 요일, 날씨, 인상 깊
었던 일에 대한 그림, 그 일에 대한 내 생각과 느낌
을 나타낸 글이 들어갑니다.

11 그림일기를 쓸 때에는 겪은 일 중에서 가장 기억
에 남거나 중요한 일을 내용으로 쓰는 것이 좋습
니다.

12 학교에서 공 굴리기를 세 번 했는데 깃발은 한 개
만 넘어졌던 일을 그림일기로 나타내었습니다.

13 그림일기를 쓴다고 해서 친구와 가깝게 지낼 수
있는 것은 아닙니다.

14 이 일기에는 생각이나 느낌이 나타나 있지 않습
니다.

15 아버지께서 볶음밥을 해 주신 일에 대한 생각이
나 느낌을 써 봅니다.

국어 활동 확인

1 그림에서 가장 중요한 내용을 찾아보고, 어떤 느
낌이 들었을지 상상하여 써 봅니다.

2 그때 어떤 일이 있었고, 기분이 어떠했는지 생각
하여 써 봅니다.

[수학]

1 (선 잇기 그림)

2 (1) 여섯, 육 (2) 아홉, 구

3 ( ) ( ) (○) **4** 아홉째

5 풀이 참조 **6** 예 넷은 4개를 나타내고 넷째는 넷째 1개를 나타냅니다. **7** 예 상철이 앞에 7명이 서 있으므로 상철이 바로 앞 친구는 일곱째입니다. 따라서 상철이는 여덟째에 서 있습니다. ; 여덟째 **8** (1) 5에 ○표 (2) 3에 ○표 **9** 풀이 참조 **10** (1) 3에 ○표 (2) 0에 ○표 (3) 2에 ○표 **11** 5, 2, 4 **12** 2, 5, 6, 7, 9 **13** 7에 ○표 **14** 둘째 ; 3 ; 넷째 ; 다섯째 **15** (1) 5 (2) 7 (3) 1 **16** ④ **17** 경아 **18** (1) 큽니다에 ○표 (2) 작습니다에 ○표 **19** 0에 △표, 7에 ○표 **20** 예 지원이와 재석이가 가지고 있는 구슬을 하나씩 짝을 지었을 때 재석이의 구슬이 하나 모자랍니다. 따라서 재석이가 하나 더 적게 가지고 있습니다. ; 재석

탐구 수학 활동

1 (1) 6, 7, 1, 9, 3, 8, 4 (2) 사랑해
2 ㉠ 3 ㉡ 2 ㉢ 1 ㉣ 0

풀이

1 상자 안에 초콜릿이 없으면 0, 하나면 1, 둘이면 2입니다.

2 (1) 6은 여섯 또는 육이라고 읽습니다.
(2) 9는 아홉 또는 구라고 읽습니다.

3 게: 3마리, 불가사리: 5마리, 오징어: 4마리

4 오른쪽에서부터 첫째, 둘째……로 짚어 가면서 순서를 알아보면 빨간색 장갑은 아홉째에 있습니다.

5

셋	♧	♧	♧	♧	♧
셋째	♧	♧	♧	♧	♧

셋은 개수를 나타내므로 그림 3개를 색칠하고, 셋째는 순서를 나타내므로 셋째 그림 1개에만 색칠합니다.

7 친구들을 ○로, 상철이를 ●로 나타내면 ○○○○○○○●○입니다.

8 (1) 감을 세어 보면 하나, 둘, 셋, 넷, 다섯이므로 5입니다.
(2) 나비를 세어 보면 하나, 둘, 셋이므로 3입니다.

9 예

8	(아이스크림 그림 10개)

주어진 수가 8이므로 아이스크림을 8개 묶습니다.

10 (1) 꽃병에 꽂혀 있는 꽃을 세어 보면 하나, 둘, 셋이므로 3입니다.
(2) 꽃병에 아무것도 없으므로 0입니다.
(3) 꽃병에 꽂혀 있는 꽃을 세어 보면 하나, 둘이므로 2입니다.

11 / 표시를 하면서 그림의 수를 각각 세어 봅니다.

12 1부터 9까지의 수를 순서대로 써 보면 1, 2, 3, 4, 5, 6, 7, 8, 9입니다.

13 과자는 여섯(6)이고, 6보다 1만큼 더 큰 수는 7입니다.

14 순서를 나타낼 때는 1은 첫째, 2는 둘째, 3은 셋째, 4는 넷째, 5는 다섯째입니다.

15 □보다 1만큼 더 큰 수가 6이므로 6보다 1만큼 더 작은 수가 □입니다. → □=5

16 ●●●●●●●●●●
        ↑ ↑
      6등 7등

17 셋보다 하나 더 많은 것은 넷입니다.

18 (1) (구슬 그림)
→8은 7보다 큽니다.
(2) (구슬 그림)

→5는 9보다 작습니다.

19 주어진 수를 큰 수부터 차례로 쓰면 7, 2, 0이
므로 가장 큰 수는 7이고 가장 작은 수는 0입니
다.

탐구 수학 활동

1 각 카드가 나타내는 내용을 수로 바꾸어 보면

| ㅏ - 6 | ㄹ - 7 | ㅐ - 1 | ㅅ - 9 | ㅎ - 3 |

| ㅏ - 8 | ㅇ - 4 | 입니다.

수를 큰 수부터 차례로 나열해 보면

| 9 - ㅅ | 8 - ㅏ | 7 - ㄹ | 6 - ㅏ | 4 - ㅇ |

| 3 - ㅎ | 1 - ㅐ | 입니다.

2 봉의 개수를 세어 보고, 알맞은 수를 씁니다.

수학 ② 회 50~53쪽

1 ③ **2** ( )( )(○) **3** 예 🔲 모양은
서랍장, 전자레인지, 필통이므로 3개입니다. ;
3 **4** ㉡, ㉢ **5** ㉣, ㉤ **6** ㉢
7 풀이 참조 **8** ㉠, ㉢, ㉤ **9** ㉡, ㉣, ㉤
10 예 상철이가 모아 놓은 물건은 🔵 모양과
🔵 모양이 섞여 있습니다. ; 나린 **11** 🔲에
○표 **12** ㉡ **13** ㉠ **14** (선 연결 그림)
15 예 🔵 모양은 모든 부분이 둥글어서 어느
방향으로든 잘 굴러갑니다. ; ㉢ **16** 7
17 🔲에 ○표, 🔵에 ○표 **18** 4 ; 4 ; 3
19 가 **20** 예 🔲 모양 6개, 🔵 모양 7개
로 만들었습니다. 따라서 더 많이 사용한 모양
은 🔵 모양으로 7개입니다. ; 7

탐구 수학 활동

1 유빈
2 예 다 쓴 딱풀, 두루마리 휴지심 등

풀이

1 ③ 축구공은 🔵 모양입니다.

2 가방 → 🔲 모양, 통조림통 → 🔵 모양
방울 → 🔵 모양

4 🔵 모양을 찾으면 ㉡, ㉤입니다.

5 🔵 모양을 찾으면 ㉣, ㉥입니다.

6 ㉠, ㉡, ㉣ → 🔵 모양,
㉢ → 🔲 모양

7 (1)

(2) (그림)

(1) 보온병, 탬버린 → 🔵 모양
(2) 볼링공, 방울 → 🔵 모양

8 🔲 모양을 찾으면 ㉠, ㉢, ㉥입니다.

9 🔵 모양을 찾으면 ㉡, ㉣, ㉤입니다.

11 뾰족한 부분이 있는 모양은 🔲 모양입니다.

12 둥근 부분만 보이므로 🔵 모양의 일부분입니
다.

13 옆은 둥글고 위는 평평하므로 🔵 모양의 일부
분입니다.

14 🔲 모양: 평평한 부분과 뾰족한 부분이 있습니
다.
🔵 모양: 옆은 둥글고 위와 아래는 평평합니다.
🔵 모양: 전체가 둥글고 뾰족한 부분이 없습니
다.

16 🔵 모양 7개로 만들었습니다.

17 🔲 모양 5개, 🔵 모양 3개로 만들었습니다.

18 각각의 모양에 표시를 하면서 세어 봅니다.

19 가: 🔲 모양, 🔵 모양을 사용하여 만들었습니
다.
나: 🔲 모양, 🔵 모양, 🔵 모양을 사용하여
만들었습니다.

1 일부분의 모양으로 전체 모양을 생각해 보면 ⬜ 모양입니다. 여러 가지 악기 중에 ⬜ 모양의 악기는 멜로디언입니다.

2 주변에서 🛢 모양을 찾아보면 음료수 캔, 딱풀, 두루마리 휴지 가운데에 있는 휴지심 등이 있습니다. 그 밖에도 🛢 모양이면 정답입니다.

수학 3회 56~59쪽

1 2 ; 6 2 ( )( )(○) 3 2 ; 1 4 + 5 ⑴ 8, 9 ⑵ 4, 8 6 예 마당에 있는 닭은 0마리이고 닭장 안에 있는 닭은 7마리이므로 0+7=7(마리)입니다. ; 7 7 5 8 1+3=4 ; 4 9 8 빼기 4는 4와 같습니다. ; 8과 4의 차는 4입니다. 10 9 11 6, 7 12 ⑴ 7 ⑵ 5 13 ⑴ 1 ⑵ 0 14 7, 4, 3 ; 7, 3, 4 15 6, 2 16 □-5=2 ; 7 17 예 먹은 딸기의 수를 모르므로 □가 있는 뺄셈식을 만들면 7-□=5입니다. 7-□=5 → 7-5=□, □=2(개) ; 2 18 ⑤ 19 ✕ (선 잇기) 20 5+2 9-2

1 5, 4 ; 4, 5

2 8

풀이

1 4와 2를 모으면 6이 됩니다.

2 1과 4, 2와 3, 3과 2, 4와 1을 모으면 5가 됩니다.

3 3은 2와 1로 가를 수 있습니다.

4 자전거 1대와 4대를 더하면 1+4=5(대)입니다.

5 ⑴ 도미노의 왼쪽 점은 1개이고 오른쪽 점은 8개이므로 1+8=9입니다.

　⑵ 4+4=8

---

7 남학생은 0명이고 여학생은 5명이므로 0+5=5(명)입니다.

9 ■-▲=●
　→ ┌ ■ 빼기 ▲는 ●와 같습니다.
　　└ ■와 ▲의 차는 ●입니다.

10 가장 큰 수는 9이고 가장 작은 수는 0이므로 9-0=9입니다.

12 ⑵ 0+(어떤 수)=(어떤 수)

13 ⑵ (어떤 수)-(어떤 수)=0

15 (전체 채소의 수)-(피망의 수)=(양파의 수)

16 처음에 있던 만두의 수를 모르므로 □가 있는 뺄셈식을 만들면 □-5=2입니다.
　□-5=2 → 2+5=□, □=7(개)

18 ① 6-3=3　② 9-5=4　③ 7-4=3
　④ 4-1=3　⑤ 8-3=5

19 1+6=3+4=7, 2+3=4+1=5, 4+2=1+5=6

20 4-3=1, [5+2=7], 2+3=5, 5-2=3, [9-2=7]

1 가능한 비슷한 인원으로 나누려고 한다면 절반에 가까운 두 수를 찾아야 합니다. 따라서 5와 4, 4와 5로 나눌 수 있습니다.

　😊 '비슷한'의 뜻이 뭔가요?

　🐶 크기, 모양 등에서 전체적으로 같은 점이 많다는 것을 뜻해요.

2 진호는 2와 6이라고 써진 부분에 돌을 던져 놓고 건넜습니다. 따라서 2+6=8(점)을 받을 수 있습니다.

　땅따먹기 게임에서 진호의 돌이 던져진 땅은 2와 6이 써진 곳입니다.

1 ㉡ ○ 　 2 짧습니다에 ○표 　 3 ㉡ ○ ㉢
○ 　 4 ㉡ ○ 　 5 **예** 양쪽 끝을 맞추었으므로
많이 구부러진 실을 가진 솔미의 것이 가장 길
고 곧게 펴진 실을 가진 영철이의 것이 가장
짧습니다. ; 솔미 　 6 옷장, 책상 　 7 ㉡, ㉢, ㉠
8 풀이 참조 　 9 ㉡ ○ ㉢ △ 　 10 **예** 민호는
가장 높은 계단에 서 있는데도 은지와 경욱이
가 서 있는 높이와 같으므로 민호의 키가 가장
작습니다. ; 민호 　 11 지희, 송이, 재우 　 12 ㉡
○ 　 13 버스 　 14 닭, 돼지, 소 　 15 **예** 미애는
현주보다 몸무게가 더 가볍고 현주는 윤지보다
몸무게가 더 가볍습니다. 따라서 몸무게가 가
장 가벼운 사람은 미애입니다. ; 미애 　 16 ㉠
○ 　 17 ㉠ △ ㉢ ○ 　 18 ㉠ 　 19 (1) - ㉢
(2) - ㉡ 　 (3) - ㉠ 　 20 **예** 그릇의 모양과 크
기가 같으므로 물의 높이가 낮을수록 더 적게
들어 있습니다. 따라서 그릇에 물을 가득 채우
기 위해서는 ㉡ 그릇에 가장 많은 물을 넣어야
합니다. ; ㉡

탐구 수학 활동

1 코끼리 　 2 곰
3 코끼리 　 4 코끼리

풀이

1 왼쪽 끝을 맞추었으므로 오른쪽이 모자라는 쪽
이 더 짧습니다.

2 왼쪽 끝을 맞추었으므로 오른쪽이 모자라는 쪽
이 더 짧습니다.

3 왼쪽 끝을 맞추었으므로 손톱깎이와 각각의 물
건의 오른쪽 끝을 비교해 봅니다.

4 아래쪽을 맞추었으므로 위쪽을 비교합니다.

6 아래쪽을 맞추었으므로 위쪽을 비교하면 옷장
이 책상보다 더 높습니다.

7 아래쪽을 맞추었으므로 위쪽을 비교하면 ㉡이

가장 높고 ㉠이 가장 낮습니다. 따라서 높은 것
부터 차례로 쓰면 ㉡, ㉢, ㉠입니다.

8 **예**

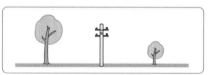

전봇대의 끝에 선을 길게 긋고 그 선보다 더 높
은 나무와 더 낮은 나무를 각각 그립니다.

9 아래쪽을 맞추었으므로 위쪽을 비교합니다.

10 위쪽을 맞추었으므로 아래쪽을 비교합니다.

11 지희는 송이보다 키가 더 크고 송이는 재우보다
키가 더 크므로 키가 큰 사람부터 차례로 쓰면
지희, 송이, 재우입니다.

12 몸집이 훨씬 작은 새우가 고래보다 더 가볍습니
다.

13 버스가 자동차보다 더 무겁습니다.

14 동물의 몸집이 작을수록 무게가 가볍습니다.

16 두 물건을 포개었을 때 남는 쪽이 더 넓습니다.

17 포개었을 때 모자라는 50원짜리 동전이 가장 좁
고 남는 500원짜리 동전이 가장 넓습니다.

18 칸 수를 세어 보면 ㉠은 4칸, ㉡은 5칸, ㉢은 6
칸이므로 가장 좁은 것은 ㉠입니다.

19 두 물건의 키를 비교할 때에는 '더 크다', '더
작다', 두 물건의 넓이를 비교할 때에는 '더 넓
다', '더 좁다', 두 그릇의 담을 수 있는 양을 비
교할 때에는 '더 많다', '더 적다'로 나타냅니
다.

20 물이 가장 적게 들어 있는 그릇에 물을 가장 많
이 부어야 그릇에 물을 가득 채울 수 있습니다.

탐구 수학 활동

1 시소에 탔을 때 아래로 내려가는 쪽이 더 무겁
습니다.

3 코끼리와 곰이 모두 사자보다 무거우므로 코끼
리와 곰의 무게를 다시 비교합니다.

수학 5 회
68~71쪽

1 10 ; 십, 열 **2** 1, 9, 19 **3** (1) - ㉡ (2) ㉢
4 십육, 열여섯 **5** 예 펼친 손가락을 ●로 나
타내면 ●●○○○○○○○○○●● 이므로 ●
　　　 ﹇가위﹈ ﹇＿보＿﹈ ﹇＿보＿﹈
는 12개입니다. ; 12 **6** ○○○○○ ; 5
7 4, 40 **8** 5, 50, 오십, 쉰 **9** 예 서른은
10개씩 묶음 3개입니다./ 마흔은 10개씩 묶
음 4개입니다. **10** 36 **11** ④ **12** 2, 9, 29
13 사십팔, 마흔여덟 **14** 25, 34 **15** 29,
30 **16** 예 연우의 번호표가 37번이므로 경
아, 창일, 상철이의 번호표는 순서대로 38번,
39번, 40번입니다. 따라서 상철이의 번호표는
40번입니다. ; 40 **17** 48, 50 **18** 27, 큽
니다에 ○표 **19** ㉢ **20** 예 10개씩 묶음의
수가 같으므로 낱개의 수를 비교합니다. 낱개
의 수는 진호 9개, 지수 7개이므로 진호가 더
많이 모았습니다. ; 진호

탐구 수학 활동

1 40
2 30, 31, 32

풀이

1 딸기는 9개보다 1개 더 많으므로 10개이고 10
은 십 또는 열이라고 읽습니다.

2 사과를 10개씩 묶어 보면 10개씩 묶음 1개와
낱개 9개이므로 19입니다.

3 막대 사탕은 10개씩 묶음 1개, 낱개 5개 → 15
개
초콜릿은 10개씩 묶음 1개, 낱개 7개 → 17개

4 사과의 수: 16 → 십육 또는 열여섯

6 14는 9와 5로 가르기 할 수 있습니다.

7 10개씩 묶음 4개는 40입니다.

8 10개씩 묶음 5개이므로 50입니다. 50은 오십

또는 쉰이라고 읽습니다.

10 10개씩 묶음 3개와 낱개 6개는 36입니다.

11 10개씩 묶음 4개와 낱개 7개는 47입니다.

12 10개씩 묶음 2개와 낱개 9개는 29입니다.

13 10개씩 묶음 4개와 낱개 8개인 수이므로 48입
니다. 48은 사십팔 또는 마흔여덟이라고 읽습
니다.

14 스물다섯 → 25, 서른넷 → 34
　 ↓　↓　　　　 ↓　↓
　20　5　　　　 30　4

15 27 – 28 – ㉈ – ㉚ – 31

17 49보다 1만큼 더 작은 수는 48, 49보다 1만큼
더 큰 수는 50입니다.

18 10개씩 묶음 3개와 낱개 4개 → 34
10개씩 묶음 2개와 낱개 7개 → 27
34는 27보다 10개씩 묶음의 수가 크므로 34는
27보다 큽니다.

19 ㉠ 스물넷 → 24　㉡ 서른둘 → 32
㉢ 사십오 → 45
따라서 가장 큰 수는 ㉢ 사십오(45)입니다.

탐구 수학 활동

1 기태와 유빈이의 의자 번호가 각각 39, 41번이
므로 39부터 수를 순서대로 나열하면 39, 40,
41입니다. 그러므로 찢어진 번호표는 40번입
니다.

> 동물원의 의자에 번호표를 순서대로 써 봅니다.

2 29와 33 사이의 수는 30, 31, 32입니다. 그러
므로 29번 책과 33번 책 사이에는 30, 31, 32
번의 책을 꽂아야 합니다.

> 29번부터 33번까지의 수를 순서대로 세어 봅니
다.

[봄, 여름]

1 ⑤   2 ③   3 ⑤   4 횡단보도   5 ②   6 ⑤
7 ①   8 ③   9 (1)-㉠ (2)-㉡   10 예 양손으로 식판을 잘 잡고 천천히 걷는다. 주변 사람들과 부딪히지 않도록 조심한다.   11 ①   12 친구   13 예 기분이 좋아진다. 인사를 하면 서로 더욱 친해질 수 있다.   14 ③   15 ㉡㉢㉠㉣
16 ④   17 ②   18 ⑤   19 ④, ⑤   20 ③

수행 평가

1 (1) 예 친구와 싸우지 않고 사이좋게 지낸다. (2) 예 복도에서 뛰지 않고 질서를 지킨다. (3) 예 친구들과 함께 이용하는 도서실 책에 낙서를 하지 않는다. (4) 예 화장실에서 장난치지 않는다.   2 예 내 친구의 이름은 임희연이다. 내 친구는 분홍색을 좋아하고 과일은 딸기를 좋아한다. 그리고 강아지를 기르고 싶어 한다. 나는 유치원에 다니는 동생이 있는데 희연이는 4학년에 오빠가 있다.

풀이

1 학교에서 공부를 하고 친구들을 사귈 수 있습니다.
2 ④ 주민 센터는 어린이들과 마을 사람들의 생활에 필요한 일을 처리하거나 문화생활을 할 수 있도록 도움을 주는 곳입니다.

다시 한 번 확인해요!

학교 주변의 여러 곳이 하는 역할 ➡ 74쪽
• 편의점: 식품이나 필요한 물건을 살 수 있는 곳
• 놀이터: 어린이들이 안전하고 즐겁게 놀 수 있도록 여러 가지 시설을 마련해 놓은 곳
• 버스 정류장: 버스가 정차하고 버스를 탈 수 있는 곳

3 횡단보도에서 초록불이 깜박일 때는 건너지 말고 다음 신호를 기다립니다.
4 횡단보도를 건널 때는 신호를 지키며 건너야 합니다.
5 생태 학습장은 다양한 식물, 동물 등을 관찰할 수 있는 곳입니다.
6 ①은 시소, ②는 철봉, ③은 늑목, ④는 미끄럼틀, ⑤는 구름사다리입니다. 늑목은 3단계까지 올라갔다 내려오기 등의 놀이를 할 수 있습니다.
7 한 줄로 서서 오른쪽으로 걸어야 하며, 학교 안에서 일하시는 선생님을 보면 인사를 해야 합니다. 또한 친구와 장난을 치거나 다른 교실의 물건을 함부로 만지지 않습니다.
8 음악실은 노래를 부르거나 악기를 연주하는 곳입니다.
9 학교에는 여러 장소들이 있습니다.
10 급식실로 이동할 때는 한 줄로 서서 조용히 이동해야 합니다.
11 하교할 때는 "선생님, 안녕히 계세요."라고 인사해야 합니다.
12 선생님께는 "안녕하세요."라고 인사하고, 친구에게는 "안녕."이라고 인사합니다.
13 인사를 잘하면 예의바른 어린이가 될 수 있습니다.
14 복도에서는 우측통행을 해야 합니다.
15 우리 반 규칙을 정리하여 약속 나무와 함께 학생들에게 잘 보이는 곳에 게시합니다.
16 짝의 나쁜 점을 다른 친구에게 말하는 것은 바르지 않은 행동입니다.
17 친구가 불편해하거나 부끄러워할 질문은 하지 않습니다.
18 어깨동무는 나이나 키가 비슷한 친구를 의미하는 말입니다.
19 '같이 가고' 부분을 부를 때는 양손 치기를 합니다.
20 신호등은 학교에 가는 길에 길에서 볼 수 있는 시설입니다.

1 우리 반에서 지키면 좋은 약속과 규칙을 말해 보고, 그 내용을 바탕으로 선생님과 학생이 함께 꼭 지켜야 할 규칙이나 약속을 정합니다.

2 각자 내 친구를 그리고 소개하는 글을 써 봅니다.

봄 2회
82~85쪽

1 ④　2 ㉡　3 ③　4 꽃의 색깔에 따라서　5 봄　6 ⑤　7 (2)○　8 ⑤　9 ㉠　10 ⑤　11 ③　12 ①　13 ④　14 ㉡㉠㉢　15 (1)-㉡ (2)-㉠　16 예 물을 준다. 햇볕이 잘 드는 곳에 둔다. 뿌리를 잘 내릴 수 있도록 흙을 잘 덮어 준다.　17 (1)× (2)× (3)○　18 ②　19 (1)×　20 ⑤

수행 평가

1
동물	식물
나비, 달팽이, 벌, 개미, 개구리	목련, 튤립, 철쭉, 개나리, 진달래, 민들레, 벚나무

2 화분 아래에 자갈을 깐다.

풀이

1 초록색 나뭇잎이 빨갛게 변하는 것은 가을의 모습입니다.

2 개구리는 겨울에는 겨울잠을 자고 봄이 되면 깨어납니다.

3 잎이나 열매를 함부로 맛보거나 먹지 않습니다.

4 개나리, 민들레는 노란색 꽃이고, 목련과 서양수수꽃다리는 흰색 꽃입니다.

5 노래의 제목은 '봄이 왔어요'입니다.

6 몸을 움츠렸다가 다리를 쭉 펴면서 폴짝 뛰어오르는 모습은 개구리를 흉내 낸 것입니다.

7 (1)은 새소리, (2)는 비 오는 소리를 표현하는 모습입니다.

8 민들레꽃은 꽃이 여러 겹으로 되어 있고 노란색입니다.

9 ㉡은 작은 생명 건드리지 않기 놀이입니다.

10 나팔꽃 열매가 익으면 갈색이 됩니다. 모양은 밤알처럼 생겼습니다.

다시 한 번 확인해요!

씨앗의 특징
- 샐비어씨: 겉모양이 깨와 비슷합니다.
- 봉숭아씨: 검은색이고 표면이 거칠거칠합니다.
- 분꽃씨: 검은색이고 씨앗 안에는 하얀 가루가 들어 있습니다.
- 옥수수씨: 윗부분이 둥글고 옆쪽은 모가 나 있습니다.

11 돋보기는 씨앗을 자세히 관찰할 때 필요한 도구입니다.

12 '쑥쑥 자라라'라는 노래입니다.

13 손가락, 실, 막대를 이용해 새싹의 길이를 잴 때는 식물이 상하지 않도록 합니다.

14 이야기를 만들고 역할을 정한 다음 역할놀이를 합니다.

15 새싹이 자라기 위해서는 물, 양분이 필요하고, 따뜻하게 지내기 위해서는 햇빛이 필요합니다.

16 따뜻하게 지낼 수 있도록 햇볕이 잘 드는 곳에 두고, 목이 마르지 않도록 물을 잘 주어야 합니다.

17 책상을 소중히 다루고 작은 연필도 아껴서 사용하며 연필로 장난치지 않는 것은 나무를 아끼고 사랑하는 모습입니다.

18 풀피리 불기 놀이는 잎사귀 끝에서부터 돌돌 말아 불어서 소리를 내는 놀이입니다.

19 휴지를 아무 곳에나 버리는 것은 자연을 보호하는 행동이 아닙니다.

20 앞을 보고 한 줄로 선 다음 모자를 머리 위로 하여 뒷사람에게 전달하는 모자 전달 놀이입니다.

수행 평가

1 나비, 달팽이, 벌, 개미, 개구리는 동물이고, 목련, 튤립, 철쭉, 개나리, 진달래, 민들레, 벚나무

는 식물입니다.

2 화분에 씨앗을 심을 때는 가장 먼저 화분 아래에 자갈을 깔고 준비한 흙을 담습니다.

---

1 ①   2 ②   3 ㉡   4 민성   5 ①   6 ①, ③
7 소개할 사람을 정한다.   8 ⑤   9 트라이앵글
10 ④   11 ①   12 ⑤   13 ㉡㉢㉣㉠   14 ㉠
15 ①   16 (자리에서 일어서며) "안녕히 계세요."
라고 인사한다.   17 ②   18 ㉠   19 ②   20 ⑤

수행 평가

1 ㉠고종사촌 ㉡큰아버지 ㉢이모   2 가족 역할을 정한다.

풀이

1 친구들과 찍은 사진은 가족사진이 아닙니다.

2 어머니, 아버지, 철우, 여동생이 같이 찍은 사진입니다.

3 잡지나 신문에서 오린 인물로 가족사진을 만들어 봅니다. ㉡→㉣→㉠→㉢ 순서로 만듭니다.

4 가족사진 전시회를 하기 전에 사진에 대한 설명과 발표할 것을 토의하고 역할 분담을 합니다.

5 이모는 어머니 쪽의 친척으로 어머니의 여자 형제를 부르는 말입니다.

6 이모는 어머니 쪽 친척이고 여자 친척입니다.

7 가장 먼저 누구를 소개할지 정한 다음 어떤 내용을 넣을지 정하고 가족 소개 카드를 꾸밉니다.

8 내 친구 보검이는 가족이 아닙니다.

9 트라이앵글은 일반적으로 밑변 가운데 부분을 가볍게 칩니다.

10 담임 선생님, 친구는 가족이 아닙니다.

11 돌잔치에서 돌잡이를 하는 모습입니다.

12 환갑 잔치는 만 60세를 가리키는 말로, 61세의

13 생각한 가족 행사표를 특징이 잘 나타나도록 만듭니다.

14 학생들은 노래를 부르면서 돌다가 선생님이 제시한 숫자나 호칭대로 모이는 놀이입니다.

15 놀이를 위해서 손목, 발목, 무릎, 허리 등 관절을 풀어 주는 준비 운동을 해야 합니다.

16 어른들께는 일어서서 고개를 숙여 인사를 해야 합니다.

17 어른이 가실 때는 일어나서 인사해야 합니다.

18 젓가락 하나는 엄지손가락의 안쪽 끝에 넣고 가운뎃손가락과 넷째 손가락 끝에 걸칩니다. 다른 하나는 엄지손가락, 집게손가락과 가운뎃손가락으로 잡습니다. 엄지손가락과 집게손가락, 가운뎃손가락에 있는 젓가락만 움직여 음식물을 집습니다.

다시 한 번 확인해요!

젓가락 사용법
• 젓가락의 끝을 맞추어 사용하고, 두 개를 모두 움직이지 않습니다.
• 젓가락 두 개의 윗부분 사이가 벌어져 있어야 합니다.
• 흘릴 수 있는 음식을 집을 때에는 손으로 받쳐서 잡습니다.

19 용돈을 드리는 것은 1학년인 내가 할 수 없는 일입니다.

20 우물 근처에 나무들이 서 있는 모습이 형제 같고, 밤하늘에 여기 저기 별이 떠 있는 모습이 형제 같다는 노래입니다.

수행 평가

1 관계를 바탕으로 부르는 말이 만들어지는 것을 이해할 수 있도록 합니다.

2 가족 역할을 정한 후 같은 역할끼리 달리거나 다 함께 달리면 됩니다.

여름 4회 94~97쪽

1 ⑤ 2 ④ 3 ② 4 ③ 5 (1)○ (2)× (3)○
6 ③ 7 예 에너지를 너무 많이 쓰면 쓸 수 있
는 에너지가 줄어든다. 에너지를 많이 쓰면 환
경이 오염된다. 8 부채 9 ⑤ 10 ⑤ 11
(구슬)비 12 마라카스 13 ④ 14 예 시원해
진다. 농작물이 잘 자란다. 사용할 수 있는 물
이 많아진다. 15 ①, ② 16 ㄹ 17 ④
18 ① 19 ㉠, ㉡, ㉣ 20 ⑤

수행 평가

1
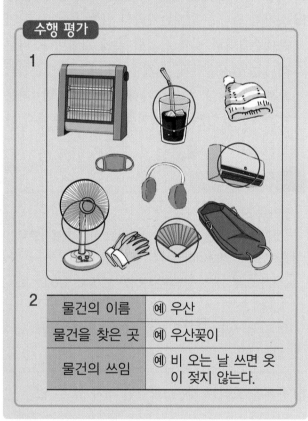

2

물건의 이름	예 우산
물건을 찾은 곳	예 우산꽂이
물건의 쓰임	예 비 오는 날 쓰면 옷이 젖지 않는다.

풀이

1 날씨가 따뜻해져서 실내보다 밖에 나가서 놀기
좋습니다.

2 매미 소리를 표현한 것은 귀로 여름을 느낀 것입
니다.

3 사람이 많은 편이 '해' 가 됩니다.

4 난로는 겨울에 사용하는 도구입니다.

5 에어컨 온도를 너무 낮추어 실내 온도가 너무 낮
아지면 냉방병에 걸릴 수 있습니다.

6 창문을 열어 둔 채 에어컨을 켜 둔 모습입니다.

7 석유, 석탄 등의 연료들을 태우면 해로운 물질이
나와서 환경을 오염시킵니다.

8 부채는 선풍기나 에어컨이 없을 때 사용하고, 종
이나 플라스틱으로 만듭니다.

9 사용하지 않는 전기 기구의 플러그는 뽑아 둡니다.

10 강아지가 꾸벅꾸벅 낮잠을 자고 있는 모습을 표
현한 것입니다.

11 빗방울이 싸리잎과 거미줄에 있는 모습을 표현한
것입니다.

12 마라카스는 가볍게 흔들어 연주합니다.

13 ①, ②, ③, ⑤는 여름철 맑은 날 사람들의 생활
모습입니다.

14 빨래가 잘 마르지 않고 홍수 때문에 집이 물에 잠
기는 것은 비가 우리 생활에 끼치는 좋지 않은 점
입니다.

15 술래는 태풍 목걸이를 목에 걸고 친구들을 잡습
니다. 태풍에게 잡히면 작은 태풍이 됩니다.

다시 한 번 확인해요!

태풍 놀이 ➡ 93쪽
'작은 태풍' 은 제자리에서 팔만 흔들어 친구들을
잡습니다. '작은 태풍' 의 손에 닿으면 그 자리에
서서 '작은 태풍' 이 됩니다.

16 물 모으기 놀이는 물을 많이 모은 편이 이기는 놀
이입니다.

17 놀이를 통해 모은 물은 재활용해야 합니다.

18 접시에 물감을 담고 스펀지에 물감을 묻혀서 도
화지에 찍어 표현한 작품입니다.

19 ㉤, ㉥은 겨울에 필요한 도구이고, ㉢은 여름에
필요한 도구 중 '해 마을' 에 필요한 도구입니다.

20 눈사람은 겨울에 만듭니다.

수행 평가

1 전기난로, 장갑, 털모자, 눈썰매, 귀마개, 마스크
등은 추운 겨울에 필요한 물건들입니다.

2 비 오는 날 필요한 물건에는 우산, 비옷, 장화, 제
습기, 모래주머니 등이 있습니다.

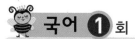 국어 **1** 회　　　　100~103쪽

1 ④　2 ④　3 ④　4 ②↘③④　5 (1)-거미
(2)-보리　6 (1)-㉠ (2)-㉢ (3)-㉡　7 (1)-ㅂ,
ㄹ (2)-ㅗ, ㅣ　8 (1)-피 (2)-허　9 ③　10
①, ②　11 예 많이 아프지? 얼른 나아서 함께
놀자. / 많이 불편하겠다. 내가 많이 도와줄게.
12 ②　13 낭, 랑, 방, 상　14 ②　15 예 시냇
물이 졸졸 흐릅니다.　16 글 **가**　17 ②　18
(1)-㉣ (2)-㉠ (3)-㉡ (4)-㉢ (5)-㉤　19 ①,
②, ③　20 예 또 만들고 싶다. / 칭찬을 받으
니 기분이 좋았다.

풀이

1 그림 속에서 남자아이는 몸을 앞으로 기울여 책
　을 가깝게 보고 있습니다.

> **다시 한 번 확인해요!**
>
> 바르게 듣는 자세 ➡ 8쪽
> 바르게 읽는 자세
> ① 의자를 당겨서 앉습니다.
> ② 책과 눈의 거리를 알맞게 해야 합니다.
> ③ 몸을 앞으로 기울이지 않고 허리를 곧게 폅니다.
> ④ 고개를 바르게 하고 앉습니다.

2 'ㅈ'이 아니고 'ㅊ'을 나타낸 것입니다.

3 'ㄱ, ㄴ, ㅇ'은 한 번에, 'ㅌ'은 세 번에 걸쳐 써
　야 하는 자음자입니다.

4 ②↘③④ 의 순서대로 써야 합니다.

5 같은 모음자가 들어간 낱말을 모두 찾아봅니다.

6 '피리'에 'ㅣ', '두부'에 'ㅜ', '바나나'에 'ㅏ'
　가 들어 있습니다.

7 'ㅂ, ㄹ'은 자음자이고, 'ㅗ, ㅣ'는 모음자입니다.

8 'ㅍ'과 'ㅣ'가 만나 '피'가 되고, 'ㅎ'과 'ㅓ'가
　만나 '허'가 됩니다.

9 표에 자음자 'ㄷ'이 없으므로 '포도'는 만들 수
　없습니다.

10 여자아이가 예의 바르게 인사를 하고 있으므로
　할아버지와 할머니의 마음은 기쁘고 흐뭇할 것입
　니다.

11 다리를 다친 친구에게 위로를 전하는 인사말을
　하는 것이 알맞습니다.

12 '선물'을 자음자와 모음자로 나누어 놓은 것입니
　다.

13 받침 'ㅇ'이 공통으로 들어가고 있습니다.

14 호랑이가 세수를 하고 있는 그림입니다.

> **다시 한 번 확인해요!**
>
> 그림을 보고 문장 만들기 ➡ 27쪽
> ① 그림을 보고 누가 있는지, 무엇이 있는지 알아봅
> 　니다.
> ② 무엇을 하고 있는지, 어떤 일이 일어났는지 자세
> 　히 살펴봅니다.
> ③ 그림에 어울리는 문장을 만듭니다.
> ④ 문장을 쓰고 소리 내어 읽어 봅니다.
> ⑤ 틀린 맞춤법은 없는지 확인합니다.

15 '누가(무엇이) 어찌하다'의 문장으로 나타내 봅
　니다.

16 글 **나** 는 문장의 끝에 문장 부호가 하나밖에 없
　어서 읽었을 때 실감 나지 않습니다.

17 느낌표는 느낌을 나타내는 문장 끝에 씁니다.

18 ㄲ(쌍기역), ㄸ(쌍디귿), ㅃ(쌍비읍), ㅆ(쌍시옷),
　ㅉ(쌍지읒)입니다.

19 그림일기의 맨 처음 부분에는 날짜와 요일, 날씨
　가 들어갑니다.

20 찰흙으로 토끼를 만들어서 선생님께 칭찬을 받은
　일에 대한 생각이나 느낌을 쓰는 것에 알맞습니
　다.

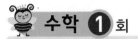 **수학 ❶회** 104~106쪽

1 ⦿⦿⦿⦿⦿⦿⦿○○○○

2 둘, 이
3 2, 4
4 풀이 참조   **5** (1) - ㉡ (2) - ㉠   **6** 탬버린
7 ㉘ 옆은 둥글고 위는 평평한 부분이 있으므로 ⬭ 모양의 일부분입니다. ⬭ 모양인 것을 찾으면 ㉢입니다. ; ㉢   **8** 2
9 ○○○○   **10** (1) 6 (2) 8
11 ㉡   **12** 5+2=7 ; 7
13 (   ) (   ) (○)   **14** ㉘ 승룡이는 민아보다 키가 더 크고, 경민이보다도 키가 더 큽니다. 따라서 승룡이의 키가 가장 큽니다. ; 승룡   **15** ㉯   **16** 다   **17** 십칠, 열일곱
18 ④   **19** ㉠   **20** ㉘ 13 바로 뒤의 수는 14이고, 14 바로 뒤의 수는 15입니다. 따라서 정은이의 번호는 15번입니다. ; 15

풀이

1 아이스크림을 세어 보면 하나, 둘, 셋, 넷, 다섯, 여섯, 일곱이므로 7개에 색칠합니다.

3 수의 순서에서 I만큼 더 작은 수는 앞의 수, I만큼 더 큰 수는 뒤의 수입니다.

4

| 6 | ○○○○○○ | | |
| 8 | ○○○○○○○○ | | |

, 8

왼쪽의 수만큼 그린 ○의 수를 비교하면 8의 ○의 수가 6의 ○의 수보다 많으므로 8이 6보다 큽니다.

다시 한 번 확인해요!

두 수의 크기 비교하기 ➡ 43쪽

• 6은 8보다 더 작습니다.
• 8은 6보다 더 큽니다.

5 선물 상자는 ⬛ 모양이고, 축구공은 ⬤ 모양입니다.

6 텔레비전, 바둑판, 백과사전 → ⬛ 모양
탬버린 → ⬭ 모양

8 ⬛ 모양: 2개, ⬤ 모양: 3개, ⬭ 모양: 4개
따라서 가장 적게 사용한 모양은 ⬛ 모양이고 2개입니다.

9 감 3개와 1개를 모으면 감 4개가 됩니다.

10 (1) (어떤 수)+0=(어떤 수)
(2) 0+(어떤 수)=(어떤 수)

11 ㉠ 5-2=3
㉡ 8-0=8
㉢ 9-7=2
㉣ 7-1=6
→ 가장 큰 것은 ㉡입니다.

12 5와 2의 합은 7입니다.

13 아래쪽이 맞추어져 있으므로 위쪽을 비교하면 맨 오른쪽 사다리가 가장 높습니다.

15 작은 한 칸이 ㉮는 8칸, ㉯는 7칸이므로 하나씩 짝지어 보면 ㉮가 1칸 더 많습니다.
따라서 ㉯가 ㉮보다 더 좁습니다.

16 그릇의 깊이는 모두 같으므로 그릇이 옆으로 더 넓을수록 물을 더 많이 담을 수 있습니다. 따라서 가 그릇보다 물을 더 많이 담을 수 있는 것은 다 그릇입니다.

17 10개씩 묶음 1개와 낱개 7개는 17입니다.
→ 17(십칠, 열일곱)

18 10개씩 묶고 남은 낱개의 수를 살펴보면
①, ②, ③, ⑤는 낱개의 수가 7이고
④ 서른여섯은 36이므로 낱개의 수가 6입니다.

19 ㉠은 39이고 ㉡은 45입니다. 39와 45에서 10개씩 묶음의 수를 비교하면 39는 45보다 10개씩 묶음의 수가 더 작습니다.
따라서 더 작은 것은 ㉠입니다.

1 ⑤　2 운동장　3 ①　4 ⓒ　5 ⓒ　6 (1)
봄 (2) 겨울 (3) 봄　7 ⓒ　8 ⑤　9 예 새싹의
이름을 지어 준다. 새싹과 이야기를 한다. 새싹
에게 물을 준다.　10 ①　11 ⑤　12 이모　13
ⓒ　14 ③　15 ⑤　16 ②　17 ②　18 예 적
정한 실내 온도 26~28℃를 유지한다. 사용하
지 않는 곳의 전등은 끈다.　19 우산　20 ⑤

풀이

1 인성이는 도시에 살고 있기 때문에 학교 가는 길
에 문구점, 편의점, 지구대, 주민센터는 볼 수 있
지만, 등대를 볼 수는 없습니다.

2 학교 운동장에 있는 놀이 기구들입니다.

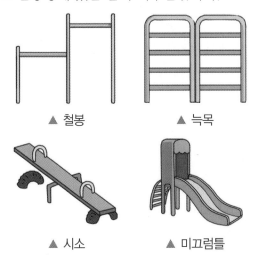

▲ 철봉　　▲ 늑목

▲ 시소　　▲ 미끄럼틀

3 보건실은 병원처럼 생긴 곳으로 아픈 곳이나 다
친 곳을 치료하는 곳입니다.
 ·급식실: 점심 식사를 하는 곳입니다.
 ·과학실: 실험이나 관찰을 하는 곳입니다.
 ·컴퓨터실: 컴퓨터를 이용해 공부하는 곳입
　니다.

4 웃어른을 만나면 허리를 숙이며 인사하고, 친구
를 만나면 손을 흔들며 인사합니다.

5 친구와 즐거운 시간을 보냈던 모습이 떠오르는
노래입니다.

6 뱀, 개구리 등은 겨울에 겨울잠을 자다가 봄이 되
면 깨어납니다.

▲ 진달래　　▲ 개나리

7 ㉠은 갈지자 길을 걷는 모습이고, ㉡은 내리막길
을 걷는 모습입니다.

8 작은 곤충을 재미로 밟거나 잡으면 그 생명이 죽
어서 다시는 살아날 수 없습니다.

9 새싹에게 관심을 가지고 보살펴야 합니다.

10 ①은 작은 돌로 모양 꾸미기를 하는 놀이입니다.

다시 한 번 확인해요!

자연물을 이용한 놀이
① 작은 돌로 모양 꾸미기
② 소꿉놀이
③ 모래 놀이
④ 땅바닥에 그림 그리기
⑤ 나뭇잎 물고기 놀이

11 학교 현장 체험 학습을 갔을 때는 선생님, 친구들
과 사진을 찍습니다.

12 어머니의 여자 형제는 이모입니다.

13 소개할 사람을 정한 후에 소개할 내용을 정하고
카드를 꾸밉니다.

14 가족 달리기를 할 때는 가족 이름표를 가슴에 붙
이고 놀이를 합니다. 선생님은 가족이 아닙니다.

15 어른이 가실 때는 일어서서 인사해야 합니다.

16 나뭇잎 냄새를 코를 통해 맡아 보면서 여름을 느
낄 수 있습니다.

17 해가 나오기를 바라는 흥겨운 노래입니다.

18 에어컨과 함께 선풍기를 사용하는 것도 에너지를
아낄 수 있는 방법입니다.

19 다양한 재료와 모양으로 우산을 만들 수 있습니다.

20 반환점 위치에 수조를 놓고 맨 앞사람은 컵을 들
고 출발선에 섭니다. 수조에 물을 많이 모은 편이
승리합니다.

국어 2 회 110~113쪽

1 ③ 2 ③ 3 (1)-ⓛ (2)-㉠ (3)-ⓔ (4)-ⓒ
(5)-ⓜ 4 ㄴ 5 ⑤ 6 오이 7 (2)-○ 8
자라, 토끼, 노루 9 ①, ⑤ 10 ④ 11 (1)-
ㅁ (2)-ㅇ 12 (1)-비행기 (2)-전화기 (3)-실
내화 (4)-풍선 13 원숭이 14 ⓔ 호랑이가
미끄럼틀을 탑니다. / 원숭이가 즐거워합니다.
/ 토끼가 시소를 탑니다. / 친구들이 놀이터에
서 놀고 있습니다. 15 ③ 16 ④ 17 ④ 18
(1)-ⓛ (2)-㉠ 19 ③ 20 (2)-○ (3)-○
(5)-○

풀이

1 말하는 사람을 바라보며 들어야 정확하게 알아들
을 수 있습니다.

다시 한 번 확인해요!

바르게 듣는 자세 ➡ 8쪽
① 말하는 사람을 바라보며 듣습니다.
② 두 발을 모아서 바닥에 닿도록 합니다.
③ 엉덩이를 의자 뒤쪽에 붙이고 앉습니다.
④ 허리를 곧게 펴고 앉습니다.

2 허리를 곧게 펴고, 공책과 눈의 사이를 알맞게 한
다음, 의자를 의자 뒤쪽에 당겨 앉습니다. 이때
글씨를 쓰지 않는 손은 공책 위에 올려놓습니다.

3 ㄱ(기역), ㄷ(디귿), ㅁ(미음), ㅅ(시옷), ㅎ(히읗)
입니다.

4 '누룽지', '낙지', '나비'의 첫 글자에 자음자
'ㄴ'이 공통으로 들어 있습니다.

5 모음자를 쓰는 바른 순서를 익혀 봅니다.

6 ㉠에 들어갈 글자는 '오'이고, ⓛ에 들어갈 글자
는 '이'이므로 둘을 합치면 '오이'가 됩니다.

7 그림 속 입 모양은 'ㅗ'를 발음한 것입니다. 직접
모음자를 발음해 봅니다.

다시 한 번 확인해요!

낱말을 소리 내어 읽을 때 주의할 점 ➡ 9쪽
낱말을 소리 내어 읽을 때에는 다른 친구들이 알아
들을 수 있도록 읽어야 하며, 입 모양을 생각해야
합니다.

8 자라와 토끼, 노루가 만나 이야기를 나누고 있습
니다.

9 '포도, 호두, 구두'는 모음자가 자음자의 아래쪽
에 있습니다.

10 마음을 담아 바르게 인사하면 인사를 받는 사람
이 기분이 좋아집니다.

11 받침이 있는 글자 '잠'과 '콩'이 되어야 합니다.

12 '비행기', '전화기', '실내화', '풍선'으로 바르
게 고쳐 씁니다.

13 그네를 타고 있는 것은 원숭이입니다.

14 그림에서 누가(무엇이) 무엇을 했는지 살펴봅니다.

15 물음표가 있는 문장은 끝을 올려 읽습니다.

16 , 뒤에는 조금 쉬어 읽고, ., ?, ! 뒤에는 조금 더
쉬어 읽습니다.

다시 한 번 확인해요!

문장 부호에 맞게 띄어 읽는 방법 ➡ 32쪽
• 쉼표(,) 뒤에는 ∨를 하고 조금 쉬어 읽습니다.
• 마침표(.), 물음표(?), 느낌표(!) 뒤에는 ⋁를 하고
쉼표(,)보다 조금 더 쉬어 읽습니다.

17 놀러 오라고 묻고 있으므로 ?(물음표)가 들어가
야 합니다.

18 할머니께서 시골에서 음식을 가지고 오신 일과
그에 대한 생각이나 느낌을 그림일기로 나타내었
습니다.

19 그림일기의 내용을 보면 할머니께서 시골에서 가
져오신 음식을 가족과 함께 먹고 있는 장면이 떠
오릅니다.

20 그림일기를 쓸 때에는 기억에 남는 일을 그림으
로 그리고, 그때의 생각이나 느낌을 써야 합니다.

1 ○○○○   2 0 ; 영

3 (1) – ㉡   (2) – ㉣   4 7   5 ②, ④

6 ⬭ ; 예 둥근 부분도 있고 평평한 부분도 있는 모양입니다. / 한 방향으로만 잘 굴러갑니다.   7 ㉡   8 6   9 9   10 7   11 7, 1, 6

12 4+2=6   13 2 ; 1 ; 3   14 예 위쪽이 맞추어져 있으므로 아래쪽을 비교하면 보경이의 키가 가장 작습니다. ; 보경   15 성준   16 ㉡

17 ⑤   18 예 29 – 30 – 31의 순서이므로 지홍이의 등번호는 29번과 31번 사이에 있는 30번입니다. ; 30   19 38   20 47, 48, 49에 ○표

풀이

1 4는 넷이므로 ○를 하나, 둘, 셋, 넷까지 그립니다.

2 사과는 1개 있으므로 1개보다 하나 더 적은 것의 수는 0입니다.

3 (1) 딸기의 수를 세어 보면 일곱이므로 7과 연결합니다.

 (2) 감의 수를 세어 보면 아홉이므로 9와 연결합니다.

4 수를 순서대로 쓰면 1, 2, 3, 4, 5, 6, 7, 8, 9이므로 6보다 큰 수는 7입니다.

5 ① 축구공, ③ 볼링공, ⑤ 탁구공 → ⬤ 모양

 ② 음료수 캔 → ⬭ 모양

 ④ 초코맛 우유갑 → ⬛ 모양

 따라서 ⬤ 모양이 아닌 것은 ②, ④입니다.

6 은진이가 설명하는 모양은 ⬭ 모양이므로 ⬭ 모양에 대한 특징을 써 봅니다.

7 페인트 통은 ⬭ 모양이므로 같은 모양은 ㉡ 딱풀입니다.

다시 한 번 확인해요!

주변에서 ▩ 과 같은 모양 더 찾기 ➡ 48쪽

예

8 가 : 4개, 나 : 2개이므로 이어서 세어 보면 모두 6개입니다.

9 3+6=9

10 6−5=1 → 1+5=6 → ⬤=5

 7+2=9 → 9−7=2 → ▲=2

 ➡ ⬤+▲=5+2=7

11 7에서 1을 빼면 6입니다.

12 딸기 4개와 딸기 2개의 합은 6입니다.

다시 한 번 확인해요!

덧셈 알아보기 ➡ 55쪽

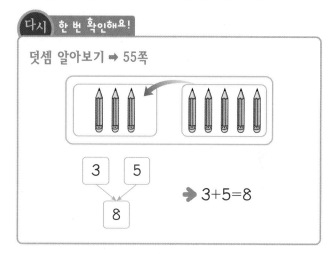

➡3+5=8

13 왼쪽 끝이 맞추어져 있으므로 오른쪽을 비교합니다.

15 시소는 무거운 사람 쪽으로 내려갑니다. 영국이는 기찬이보다 가볍고, 성준이는 영국이보다 가벼우므로 성준이가 가장 가볍습니다.

16 휴대폰은 보호 필름보다 더 넓어야 합니다.

17 ⑤ 50 → 쉰, 오십

19 10개씩 묶음의 수가 같으므로 낱개의 수를 비교하면 38이 가장 큽니다.

20 10개씩 묶음 4개와 낱개 6개인 수는 46입니다. 따라서 46보다 큰 수는 47, 48, 49입니다.

봄, 여름 2 회

1 ② **2** ④ **3** 도서관 **4** 예 짝에게 어려운 일이 생기면 도와준다. 항상 친절하게 대해 준다. **5** ① **6** ① **7** ⑤ **8** ⑤ **9** ① **10** 예 동물들이 살아갈 수 있는 먹이를 제공해 준다. 맑은 공기를 제공해 준다. **11** ⓒⓡⓖⓛ **12** ② **13** ①, ③ **14** 친구 생일 **15** ③ **16** ③ **17** 부채 **18** (2) ○ **19** ① **20** ②

풀이

1 지구대는 경찰서입니다.

2 구름사다리에 매달려 있는 사람의 다리를 잡아당기면 안 되고, 손으로 꽉 잡고 매달려 이동해야 합니다.

3 도서관에서 책을 읽을 때는 바른 자세로 앉아서 소리를 내지 않고 눈으로 읽어야 다른 사람이 불편해 하지 않습니다.

4 짝이 준비물을 안 가져오면 함께 나누어 씁니다.

5 '어깨동무' 노래는 다정한 친구를 떠올리며 즐겁게 부릅니다.

다시 한 번 확인해요!

'어깨동무' 노래 부르기
• '어깨동무' 노래는 한 소절씩 친구들과 메기고 받으며 노래를 부릅니다.
• '동무 동무 어깨동무'는 메기기, '어디든지 같이 가고'는 받기입니다.

6 돋보기로 아주 작은 꽃과 벌레도 관찰할 수 있습니다.

7 몸을 움츠렸다가 다리를 쭉 펴면서 폴짝 뛰어 오르는 모습으로 개구리의 모습을 표현할 수도 있

8 누렇게 익은 벼는 가을에 논에서 볼 수 있는 모습입니다.

9 옥수수 씨앗은 윗부분이 둥글고 옆쪽은 모가 나 있습니다.

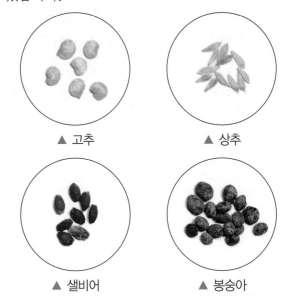

▲ 고추　　　　　▲ 상추

▲ 샐비어　　　　▲ 봉숭아

10 나무는 동물들이 살아갈 수 있는 보금자리도 되어 주고, 나무로 여러 가지 제품을 만들어 사용할 수 있습니다.

11 신문이나 잡지에서 어울리는 인물을 찾고 오려 낸 다음 오려 낸 인물을 이용하여 상상한 가족사진을 구성합니다.

12 결혼식에 참석한 가족사진 모습입니다.

13 가족 소개 카드에는 이름, 부르는 말, 취미, 특징, 사는 곳 등을 씁니다.

14 친구 생일은 가족 행사가 아닙니다.

15 밥을 먹을 때는 장난치지 않고 바른 자세로 먹으며, 학교에 갈 때는 부모님께 인사를 합니다.

16 더위를 이기기 위해서는 얇고 바람이 잘 통하는 옷을 입습니다.

17 선풍기나 에어컨이 없을 때 부채를 사용합니다.

18 마라카스는 '촤르르르' 소리를 표현합니다.

19 물을 받아서 세차를 하고, 손을 씻거나 설거지를 할 때 물을 틀어놓지 않습니다.

20 ①은 봄, ③과 ⑤는 겨울, ④는 가을에 볼 수 있는 모습입니다.

국어 ③회 120~123쪽

1 ② 2 (2)-○ 3 (1)-㉠ (2)-㉢ (3)-㉡ 4
① 5 (1)-ㅏ, ㅣ (2)-ㅗ, ㅜ, ㅏ (3)-ㅗ, ㅏ,
ㅣ 6 ② 7 (1)-오 (2)-리 8 ㅗ, ㅛ, ㅜ, ㅠ,
ㅡ 9 ① 10 ⑩ 치료해 주셔서 고맙습니다.
11 (1)-팔, 불 (2)-콩, 창 12 ⑤ 13 (1)-②-
㉠ (2)-①-㉢ (3)-③-㉡ 14 (1)-○ 15 ④
16 공 나르기 놀이 17 (3)-○ 18 내 생일도
빨리 왔으면 좋겠다. 19 ① 20 ⑩ 정말 귀
여웠다. / 아프지 않고 잘 자랐으면 좋겠다.

풀이

1 연필을 잡을 때는 연필의 아랫부분이나 연필심에
서 약간 위로 올라간 부분을 잡아야 합니다.

> **다시 한 번 확인해요!**
>
> **연필을 잡는 방법 ➡ 8쪽**
> 연필을 잡는 방법
> ① 연필의 아랫부분을 잡습니다.
> ② 엄지손가락과 집게손가락의 모양을 둥글게 하여
>   연필을 잡습니다.
> ③ 가운뎃손가락으로 연필을 받칩니다.
> ④ 연필을 너무 세우거나 눕히지 않습니다.

2 '여우'라고 써야 알맞습니다.

3 '가지'에 자음자 'ㄱ, ㅈ', '포도'에 자음자 'ㅍ,
ㄷ', '오리'에 자음자 'ㅇ, ㄹ'이 들어 있습니다.

4 자음자를 쓰는 순서를 알아봅니다.

5 그림을 보고 빠진 모음자가 무엇인지 생각해 봅
니다.

6 '휴지'에 모음자 'ㅠ'가 들어 있습니다.

7 '오이'와 '오리'에 모두 들어가는 글자는 '오'이
고, '머리'와 '너구리'에 모두 들어가는 글자는
'머'입니다.

8 자음자의 오른쪽에 올 수 있는 모음자에는 'ㅏ,
ㅑ, ㅓ, ㅕ, ㅣ'가 있고, 자음자의 아래쪽에 올 수
있는 모음자에는 'ㅗ, ㅛ, ㅜ, ㅠ, ㅡ'가 있습니
다.

> **다시 한 번 확인해요!**
>
> **글자에서 모음자가 있는 곳 알기 ➡ 20쪽**
> 글자에서 모음자가 있는 곳은 자음자의 오른쪽이나
> 아래쪽입니다.
> ⑩ 오른쪽: '아', '야', '어', '여', '이'
>   아래쪽: '오', '요', '우', '유', '으'

9 ②, ⑤는 고마움의 인사말, ③은 위로의 인사말,
④는 안부의 인사말을 할 상황으로 알맞습니다.

10 보건 선생님께서 다리를 치료해 주고 계시므로
고마움을 전하는 인사말을 하는 것이 알맞습니
다.

11 'ㄹ' 받침이 들어가는 낱말은 '팔, 불'이고, 'ㅇ'
받침이 들어가는 낱말은 '콩, 창'입니다.

> **다시 한 번 확인해요!**
>
> **받침이 있는 글자의 짜임 ➡ 26쪽**
> 받침이 있는 글자는 '자음자+모음자+자음자'의 짜
> 임으로 이루어집니다. 마지막 자음은 '받침'으로,
> 글자의 아래쪽에 쓰며, 여러 가지 자음자를 사용할
> 수 있습니다.

12 '필통'을 자음자와 모음자로 나누어 쓴 것입니
다.

13 누가 무엇을 하고 있는지 살펴봅니다.

14 지현이가 종이를 접는 그림입니다.

15 '!'는 느낌표라고 하고, 느낌을 나타내는 문장 끝
에 씁니다.

16 공 나르기 놀이를 했다고 했습니다.

17 그림 속 아이들이 서로 보자기를 들고 있으므로,
어서 들고 가자는 뜻이 알맞습니다.

18 글쓴이의 생각은 맨 마지막에 나와 있습니다.

19 인사말은 편지글에서 쓰는 것입니다.

20 강아지가 새끼를 낳은 일에 대한 생각이나 느낌
을 씁니다.

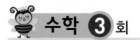 **수학 ③회**

124~126쪽

1 4 ; 넷, 사　2 (○) (　) (　)　3 나린,
한결　4 9에 ○표　5 (○) (　) (　)
6 (1) – ㉠　(2) – ㉢　(3) – ㉡　7  에 ○표
8 2 ; 4 ; 3　9 6　10 8 ; 8　11 –
12 5-2=3　13 (　)　14 작다
　　　　　　　 (○)
15 (△) (　) (○)　16 ㉡, ㉢
17 (1) 십구, 열아홉　(2) 이십일, 스물하나
18 (1) – ㉠　(2) – ㉢
19 (1) 47　(2) 22　(3) 3, 8
20

풀이

1 토끼는 4마리입니다. 4는 넷 또는 사라고 읽습니다.

2 주어진 그림은 5개이므로 하나 더 적은 것은 4개입니다.

3 앞에서 여덟째는 나린이이고, 뒤에서 다섯째는 한결입니다.

4 9는 7보다 더 큽니다.

5 모양은 뾰족한 부분과 평평한 부분이 있습니다.

7 둥근 부분과 평평한 부분이 있는 모양은 모양입니다.

8 모양 2개, 모양 4개, 모양 3개로 만들었습니다.

9 9는 3과 6으로 가를 수 있습니다.

10 '6과 2의 합은 8입니다.' 라고 읽을 수도 있습니다.

11 7에서 3을 빼면 4입니다.

12 5개에서 3개가 되었으므로 2개를 뺀 식을 씁니다.

뺄셈 알아보기 ➡ 55쪽

6

2　4　➡ 6-2=4

13 칫솔과 붓의 한쪽 끝을 맞추어 보면 붓은 칫솔에 비해 앞으로 나와 있으므로 붓이 더 깁니다.

14 키를 비교할 때에는 '더 크다', '더 작다'로 나타냅니다.

15 들어 보았을 때 볼링공이 가장 무겁고, 풍선이 가장 가볍습니다.

16 넓고 깊은 그릇에 물을 더 많이 담을 수 있습니다.

담을 수 있는 양 비교하기 ➡ 61쪽

가　　　나

• 가는 나보다 담을 수 있는 양이 더 많습니다.
• 나는 가보다 담을 수 있는 양이 더 적습니다.

17 (1) 19는 십구 또는 열아홉이라고 읽습니다.
　 (2) 21은 이십일 또는 스물하나라고 읽습니다.

18 (1) 10개씩 묶음 3개 → 삼십
　 (2) 10개씩 묶음 5개 → 쉰

19 (1) 10개씩 묶음 4개와 낱개 7개는 47입니다.
　 (2) 10개씩 묶음 2개와 낱개 2개는 22입니다.
　 (3) 10개씩 묶음 3개와 낱개 8개는 38입니다.

20 10개씩 묶음의 수로 비교하면 왼쪽은 4개, 오른쪽은 3개이므로 왼쪽이 더 큰 수입니다.

1 ①   2 (1) 보건실 (2) 급식실   3 안녕하세요
4 ⑩ 다치지 않고 안전하다.   5 ②   6 봄   7
①   8 ③   9 ⑩ 쓰레기를 함부로 버리지 않는
다. 일회용품을 사용하지 않는다.   10 ②   11
(1) × (2) ○   12 ①   13 ⑤   14 ①   15 어른
께는 앞으로 나와서 인사를 해야 한다.   16 ③
17 ②   18 은구슬, 옥구슬   19 제자리에서 팔
만 흔들어 친구들을 잡는다.   20 ③, ⑤

풀이

1 인도를 다닐 때는 인도 안쪽으로 다닙니다.

2 반창고는 다쳤을 때 쓰고, 식판은 밥을 먹을 때
사용합니다.

3 웃어른을 만나면 허리를 숙여 인사합니다.

4 여러 사람이 있는 곳에서 시끄럽게 하지 않으면,
많은 사람들이 즐겁고 편안하게 지낼 수 있습니다.

5 학교에서 본 것을 친구와 이야기하여 무엇을 그
릴지 정합니다.

6 봄에는 벚나무, 버들강아지, 튤립, 유채꽃 등도
볼 수 있습니다.

다시 한 번 확인해요!

봄에 피는 꽃

• 개나리: 4월에 노란색 꽃이 핍니다. 잎은 타원형
이며 톱니가 있습니다.

• 진달래: 4월에 꽃이 잎보다 먼저 핍니다. 꽃은
깔때기 모양입니다.

• 민들레: 줄기는 없고 잎은 밑동에서 나옵니다. 한
송이의 꽃처럼 보이지만 여러 개의 통꽃으로 이
루어져 있습니다.

• 목련: 흰 꽃이 잎보다 먼저 핍니다. 꽃은 향수의
원료로도 쓰입니다.

7 꽃이 피는 모습을 표현한 것입니다.

8 물은 새싹과 꽃이 목마르지 않게, 흙은 새싹과 꽃
이 쓰러지지 않게 뿌리를 지탱해 줍니다.

9 쓰레기는 분류하여 버리고, 재활용품은 다시 사

용합니다.

다시 한 번 확인해요!

일회용품

• 나무젓가락, 일회용 기저귀, 종이컵, 일회용 접시
등이 일회용품입니다. 일회용품은 환경을 오염시
키기 때문에 사용을 줄이도록 노력해야 합니다.

• 일회용품의 분해 기간

종류	소요 기간	종류	소요 기간
종이	2~5개월	오렌지 껍질	6개월
우유갑	5년	일회용 컵	20년 이상
플라스틱 봉지	10~20년	나일론 천	30~40년
플라스틱 용기	50~80년	가죽 구두	25~40년
알루미늄 캔	500년 이상	발포 스티로폼	썩지 않음.

10 선생님께서 준비한 보물을 찾아 빨리 가져오는
놀이입니다.

11 어머니의 여동생은 이모입니다.

12 형제 달리기를 하기 위해서는 각 조의 형과 동생
의 이름표를 붙인 두 명의 학생이 함께 달리기를
하면 됩니다.

13 친구들과 놀이 공원에 놀러 갔던 일은, 친구와 함
께했던 일로 가족과 함께했던 일이 아닙니다.

14 이모는 나와 3촌, 고종사촌은 4촌, 아버지와 어
머니는 1촌입니다.

15 어른을 보면 앞으로 나와서 인사를 해야 합니다.

16 냉장고 문은 자주 열지 않고, 10초 이내로 열고
닫습니다.

17 매미가 우는 소리를 선으로 표현한 것입니다.

18 빗방울이 나뭇잎과 거미줄에 매달려 있는 모습을
나타낸 노래입니다.

19 태풍에게 잡히면 작은 태풍이 되고, 작은 태풍의
손에 닿으면 그 자리에 서서 작은 태풍이 됩니다.

20 스펀지에 물감을 묻혀 표현한 작품입니다. 붓, 가
위, 크레파스는 필요하지 않습니다.

국어 4회   130~133쪽

1 2   2 ②, ③   3 (4)-○   4 ②   5 (1)-ㄱ (2)-ㅇ (3)-ㅋ   6 (1)-ㅏ (2)-ㅣ (3)-ㅜ (4)-ㅠ   7 (1)-ㄴ (2)-ㄱ (3)-ㄷ (4)-ㄹ   8 (1)-ㅣ, ㅏ (2)-ㅜ, ㅡ (3)-ㅓ, ㅜ, ㅣ   9 (1)-ㅇ, ㄹ (2)-ㅜ, ㅣ   10 ③   11 ②   12 ④   13 ⑤   14 ㄴ   15 (1)-ㄹ (2)-ㅁ   16 ③   17 예 깨끗하고 맑은 꽃잎이 떠올라 기분이 좋았습니다. / 초록빛 나무가 떠올라 상쾌한 느낌이 들었습니다.   18 (3)-○   19 ③   20 ④

풀이

1 바른 자세로 글씨를 쓰고 있는 친구는 2번 친구입니다.

다시 한 번 확인해요!

바르게 쓰는 자세 ➡ 9쪽
① 허리를 곧게 펴고 다리를 가지런히 모으고 앉습니다.
② 고개를 너무 많이 숙이지 않습니다.
③ 글씨를 쓰지 않는 손으로 공책을 누릅니다.

2 1번 친구는 고개를 비뚤게 했고, 다리를 가지런하게 두지 않았습니다. 또, 허리를 곧게 펴지 않았습니다.

3 연필을 바르게 잡으려면 연필의 아랫부분을 엄지손가락과 집게손가락의 모양을 둥글게 하여 잡고, 연필을 너무 세우거나 눕히지 않아야 합니다.

다시 한 번 확인해요!

연필을 잡는 방법 ➡ 9쪽
연필을 바르게 잡고 써야 글씨를 반듯하고 예쁘게 쓸 수 있습니다.

4 세로로 먼저 두 번을 쓴 다음, 가로로 두 번을 써야 바른 순서입니다.

5 손이나 몸으로 자음자를 만들어 봅니다.

6 몸으로 만든 모양이 어떤 모음자와 닮았는지 생각해 봅니다.

7 모음자와 그 이름을 잘 기억하도록 합니다.

9 '우'는 자음자 'ㅇ'과 모음자 'ㅜ'로, '리'는 자음자 'ㄹ'과 모음자 'ㅣ'로 나누어집니다.

10 모음자가 자음자의 아래쪽에 있는 낱말은 '우유'이고, 나머지는 모두 모음자가 자음자의 오른쪽에 있는 낱말입니다.

11 등하굣길에 만나서 인사하는 상황에 어울리는 그림을 찾아봅니다.

12 웃는 얼굴로 반갑게 인사를 나누면 서로 더 가까운 사이가 될 수 있고, 기분이 좋아집니다.

다시 한 번 확인해요!

인사를 주고받으면 좋은 점 ➡ 21쪽
인사를 주고받으면 서로 더 가까운 사이가 될 수 있고, 기분이 좋아지며, 예의를 갖추게 됩니다.

13 고마운 마음을 전하는 말을 하는 상황을 떠올려 봅니다.

14 '무'는 '문'이 되어야 합니다.

16 깨진 항아리에서 물이 흘러나오고 있습니다.

17 시에서 느낀 점을 바탕으로 하여 문장을 만들어 봅니다.

18 글을 바르게 띄어 읽지 않으면 문장의 뜻이 바르게 전달될 수 없습니다.

다시 한 번 확인해요!

글을 띄어 읽어야 하는 까닭 ➡ 32쪽
① 뜻을 바르게 이해할 수 있습니다.
② 띄어 읽지 않으면 무슨 뜻인지 알기 어렵습니다.
③ 글의 뜻을 쉽게 알 수 있습니다.
④ 내용을 바르게 전달할 수도 있습니다.

19 그림일기에는 날짜와 요일, 날씨, 글과 그림, 생각이나 느낌이 들어갑니다.

20 규리의 생일날 규리 집에서 생일잔치를 한 일을 그림일기로 나타내었습니다.

1 ⒠  ; 3

2 ⒠ 7등으로 달리고 있는 어린이는 앞에서부터 일곱째로 달리고 있는 어린이입니다. 따라서 7등으로 달리고 있는 어린이는 혜수입니다. ; 혜수   **3** ⑴ 8 ⑵ 8   **4** ( ) (○)

5 3   **6** ⓛ   **7** ⓒ   **8** 4, 1, 3

9 ( ) (○) ( )   **10** ⑴ 4, 8 ⑵ 1, 6

11 ⒠ 가장 큰 수는 8이고 가장 작은 수는 0이므로 8-0=8입니다. ; 8   **12** 7   **13** 3 ; 2 ; 1

14 ✕   **15** 미희   **16** ⓛ   **17** 3 ; 13

18 ㉣   **19** 21   **20** 27

풀이

1 7이므로 사과 일곱 개를 묶고 묶지 않은 것을 세어 보면 셋이므로 빈칸에 3이라고 씁니다.

3 ⑴ 7보다 1만큼 더 큰 수는 7 바로 뒤의 수인 8입니다.

⑵ 9보다 1만큼 더 작은 수는 9 바로 앞의 수인 8입니다.

4 ●●●●●●●●
●●●●●●●●

따라서 8이 6보다 더 큽니다.

5 ◯ 모양은 실타래, 배구공, 테니스공으로 3개입니다.

6 뾰족한 부분이 있는 모양은 🎲 모양입니다.

7 어느 방향으로도 잘 굴러가지 않는 모양은 🎲 모양입니다.

8 각각의 모양에 표시를 하면서 세어 봅니다.

9 1과 3, 2와 2, 3과 1을 모으면 4가 됩니다.

10 ⑴ 도미노의 왼쪽 점은 4개이고 오른쪽 점은 4개이므로 4+4=8입니다.

⑵ 도미노의 왼쪽 점은 1개이고 오른쪽 점은

5개이므로 1+5=6입니다.

11 8, 5, 7, 0에서 가장 큰 수는 8이고 가장 작은 수는 0입니다.

12 먹은 곶감의 수를 모르므로 9-□=2입니다.
9-□=2 → 9-2=□, □=7(개)

13 왼쪽 끝을 맞추었으므로 오른쪽이 모자랄수록 더 짧습니다.

14 여객선이 더 무겁고 나룻배가 더 가볍습니다.

15 다는 가보다 더 넓습니다.

16 담을 수 있는 양이 물병보다 더 적은 것은 ⓛ입니다.

17 딸기를 10개씩 묶어 보면 10개씩 묶음 1개와 낱개 3개입니다. → 13

18 ㉣ 쉰 → 50

19 윤석이의 번호표가 24번이므로 인영, 지혜, 보경이의 번호표는 순서대로 23번, 22번, 21번입니다.

20 10개씩 묶음의 수는 차례로 3, 2, 4이므로 가장 작은 수는 27입니다.

다시 한 번 확인해요!

두 수의 크기 비교하기 ➡ 67쪽

• 10개씩 묶음의 수가 다를 때

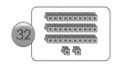 

➡ ┌ 32는 24보다 큽니다.
   └ 24는 32보다 작습니다.

• 10개씩 묶음의 수가 같을 때

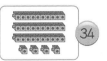

➡ ┌ 34는 32보다 큽니다.
   └ 32는 34보다 작습니다.

봄, 여름 4 회

1 ④　2 ③　3 급식실　4 ③　5 ⑤　6 ④　7 ②, ④　8 ㉤　9 ㉎ 해, 물, 흙 등이 필요하다.　10 ㉢　11 ④　12 ①　13 ②　14 ①　15 ⑤　16 ②　17 ③　18 ㉣　19 ㉎ 우리나라는 물 부족 국가이다. 물도 에너지이다.　20 비 마을

풀이

1 ①은 놀이터, ②는 문구점, ③은 편의점, ⑤는 지구대의 역할입니다.

2 책상은 학교 안 교실에 있는 물건입니다.

3 급식실은 식사를 하는 곳입니다. 급식을 먹을 때에는 음식을 남기지 않고 골고루 먹으며 식사 예절을 지켜 조용히 식사합니다.

4 건강해지기 위해서는 음식을 골고루 먹고 운동도 합니다.

5 ①, ②, ③, ④는 겨울의 모습입니다.

6 제비가 날아가는 모습을 흉내 낸 것입니다.

7 색종이, 털 철사, 요구르트 병을 이용하여 벌을 만든 것입니다.

8 화분에 씨앗을 심을 때는 가장 먼저 화분 아래에 자갈을 깝니다.

9 해는 새싹과 꽃이 따뜻하게 지낼 수 있도록 도와주고, 물은 새싹과 꽃이 목마르지 않게, 흙은 식물이 쓰러지지 않게 뿌리를 지탱해 주고 양분을 제공합니다.

10 ㉢은 연필심이 부러지지 않게 연필 뚜껑을 닫는 모습입니다.

다시 한 번 확인해요!

나무를 아끼고 사랑하는 모습

㉠은 종이를 낭비하는 모습, ㉡은 책상을 함부로 사용하는 모습, ㉣은 연필심을 부러뜨리며 장난치는 모습입니다.

11 작은 동물들을 괴롭히거나 장난을 치면 안 됩니다.

12 고모와 아버지, 큰아버지는 할아버지와 할머니가 낳은 사람입니다. 이모부는 이모와 결혼한 사람입니다.

13 고모가 결혼하면 나에게 고모부가 생깁니다.

14 ⑤, ③, ④, ②, ①의 순서로 감사 카드를 만듭니다.

15 밥을 먹을 때는 장난치지 않고 바른 자세로 앉아서 먹어야 합니다.

16 더운 여름에 사용하는 도구들입니다.

17 ①, ②, ④, ⑤는 비가 왔을 때 좋은 점입니다. 비나 태풍이 오면 습해서 빨래가 잘 마르지 않습니다. 또한 홍수 때문에 집이 잠기거나 바람이 불어서 나무가 부러집니다.

18 '작은 태풍'의 손에 닿으면 그 자리에 서서 '작은 태풍'이 됩니다.

19 물을 함부로 쓰고 낭비하면 나중에 없어질 수가 있습니다.

20 '해 마을'에는 색안경, 모자, 우산, 선풍기 등이 필요합니다.

Memo

Memo